Chemie

Lehrbuch für Klasse 10

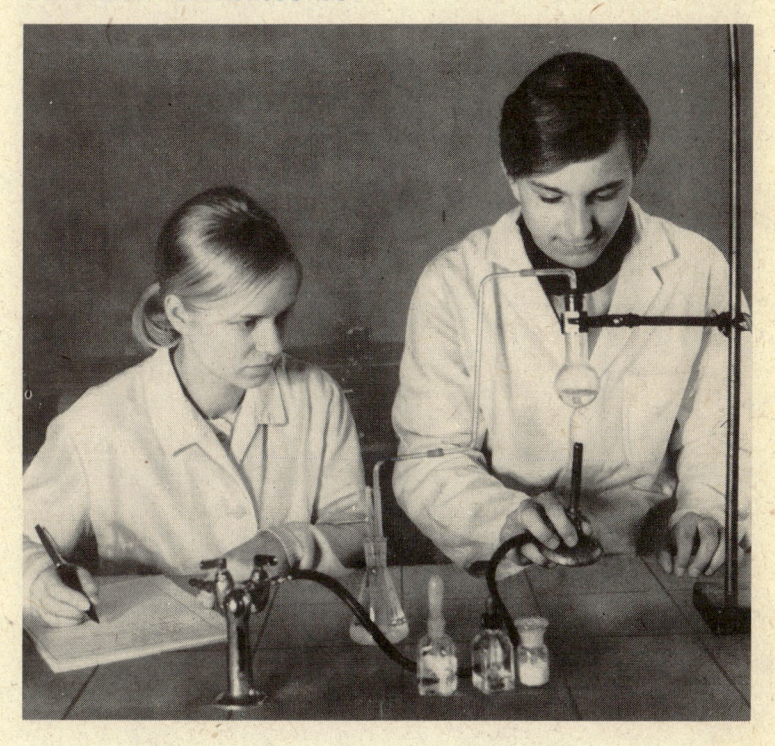

Volk und Wissen Volkseigener Verlag Berlin
1990

Autoren:

Dr. Barbara Arndt (Abschnitte 8 bis 18)
Roland Brauer (Abschnitte 44 bis 48)
Doz. Dr. Peter Lange (Abschnitte 1 bis 7)
Dr. Rolf Osterwald (Abschnitte 29 bis 43)
Dr. Jochen Teichmann (Abschnitte 19 bis 28)
Prof. Dr. sc. Günter Wegner (Abschnitte 29 bis 43)
Studienrat Detlef Wagner (Bearbeitung des Abschnitts „Komplexe Aufgaben")

Leiter des Autorenkollektivs: Doz. Dr. Peter Lange

Redaktion: Edward Gutmacher, Dieter Hron

ISBN 3-06-031002-5

6. Auflage
Ausgabe 1985
© Volk und Wissen Volkseigener Verlag, Berlin 1985
Lizenz-Nr. 203 · 1000/90 (DN 03 10 02-6)
Printed in the German Democratic Republic
Schrift: 9/10 p Gill Monotype
Gesamtherstellung: Grafischer Großbetrieb Völkerfreundschaft Dresden
Zeichnungen: Dieter Gröschke, Waltraud Schmidt
Einband: Manfred Behrendt
Typografische Gestaltung: Atelier vwv, Wolfgang Lorenz
Redaktionsschluß: 13. Dezember 1989
LSV 0681
Bestell-Nr. 731 240 7
Schulpreis DDR: 2,20

Inhalt

Redoxreaktion – Oxydationszahl

1. Redoxreaktion – Elektronenübergang 5
2. Oxydationszahl 6
3. Bestimmen von Oxydationszahlen 9
4. Oxydationszahl und Redoxreaktion 12
5. Erkennen von Redoxreaktionen 13
6. Redoxreaktionen in der chemischen Produktion 15
7. Aufgaben zur Festigung 16

Stickstoff als Element der V. Hauptgruppe

8. Elemente der V. Hauptgruppe 17
9. Stickstoff 19
10. Ammoniak 20
11. Reaktion mit Protonenübergang – Bildung von Ammonium-Ionen 22
12. Ammoniumsalze 24
13. Technische Herstellung und Verwendung des Ammoniaks   26
    Verwendung des Ammoniaks 26   Physikalisch-chemische Grundlagen der Ammoniaksynthese 27   Technische Durchführung der Ammoniaksynthese 28   Zur Entwicklung der Leuna-Werke 30
14. Stickstoffmonoxid und Stickstoffdioxid 33
15. Salpetersäure 35
16. Nitrate 38
17. Chemische Reaktionen einiger Stickstoffverbindungen . 41
18. Aufgaben zur Festigung 42

Schwefel als Element der VI. Hauptgruppe

19. Elemente der VI. Hauptgruppe 43
20. Schwefel 45
21. Sulfide 46
22. Schwefelwasserstoff 47
23. Schwefeldioxid 50
24. Schwefeltrioxid 52
25. Schwefelsäure 55
26. Herstellung von Schwefelsäure 57
    Physikalisch-chemische Grundlagen und ökonomische Fragen der Herstellung von Schwefelsäure 57   Kontaktverfahren 59
27. Zusammenfassende Betrachtung 62
28. Aufgaben zur Festigung 63

Systematisierung und Praktikum zur chemischen Reaktion

29. Chemische Reaktion als Stoffumwandlung 65
    Unterscheidung von Ausgangsstoffen und Reaktionsprodukten 65   Ermittlung der Zusammensetzung eines Stoffes 67

30	Kennzeichnung der Stoffumwandlung durch chemische Gleichungen	68
31	Quantitative Betrachtung der Stoffumwandlung – Chemisches Rechnen . . .	68
32	Chemische Reaktion als Umbau chemischer Bindungen	70
	Arten chemischer Bindung 70 Schreibweisen chemischer Gleichungen 71	
33	Chemische Reaktion als Energieumwandlung	72
34	Komplexe Betrachtung der chemischen Reaktion	74
	Merkmale chemischer Reaktionen 74 Reaktionsgeschwindigkeit 76	
	Chemisches Gleichgewicht 77	
35	Arten chemischer Reaktionen	78
36	Fällungsreaktionen	80
37	Redoxreaktionen	80
38	Reaktion mit Protonenübergang	82
39	Untersuchen eines Salzgemisches	84
40	Additionsreaktion	84
41	Eliminierungsreaktion	86
42	Substitutionsreaktion	88
43	Aufgaben zur Festigung	89

Wissenschaft Chemie als Produktivkraft

44	Wissenschaft Chemie und wissenschaftlich-technischer Fortschritt in der DDR	91
	Wissenschaft Chemie und die Entwicklung der Produktivkräfte 91	
	Chemische Forschung und die Entwicklung der Volkswirtschaft	
	in unserer Republik 92	
45	Die chemische Industrie in der DDR	93
	Die chemische Industrie – ein wichtiger Bereich unserer Volkswirtschaft 93	
	Die Entwicklung der chemischen Industrie in der DDR seit 1950 94	
	Die weitere Entwicklung der chemischen Industrie unserer Republik 95	
46	Chemisch-technische Verfahren – physikalisch-chemische Grundlagen und	
	ökonomische Probleme	98
	Gliederung und Einteilung chemisch-technischer Verfahren 98 Höhere	
	volkswirtschaftliche Ergebnisse bei chemisch-technischen Verfahren 100	
47	Beziehungen der chemischen Produktion zu anderen Bereichen der	
	Volkswirtschaft	101
48	Aufgaben zur Festigung	104

Komplexe Aufgaben	105
Lösungen zu den Aufgaben	111
Register	112

Erläuterungen

1	Lehrbuchabschnitte	▶	Zusammenfassungen und Merkstoff
▼	Experimente	■	Beispiele
①	Aufgaben	↗	Hinweise
*	Kennzeichnung von Aufgaben mit etwas höherer Schwierigkeit als andere Aufgaben	Stoff	Ausgangsstoffe
		Stoff	Reaktionsprodukte

Redoxreaktion – Oxydationszahl

In Hochöfen wird aus Eisenerz mit Hilfe von Koks Roheisen hergestellt. Die dabei ablaufenden chemischen Reaktionen sind Redoxreaktionen. Auch andere Metalle, wie Kupfer, Zink und Aluminium, lassen sich durch Redoxreaktionen herstellen. Redoxreaktionen laufen bei der Vergasung der Kohle im Winkler-Generator ab. Das entstehende Synthesegas dient zur Produktion vieler organischer Stoffe. Bei allen diesen chemischen Reaktionen sind Sauerstoffverbindungen beteiligt, die das Element Sauerstoff an einen Reaktionspartner abgeben. Reduktion und Oxydation finden gleichzeitig statt. Das geschieht auch, wenn in einem Elektroofen reiner Quarzsand mit Hilfe von Kohlenstoff reduziert wird. Aus dem Siliziumdioxid des Quarzsandes entsteht Silizium, das nach komplizierten Reinigungsverfahren zur Herstellung mikroelektronischer Bauelemente verwendet wird.

In der Wissenschaft Chemie werden auch chemische Reaktionen den Redoxreaktionen zugeordnet, an denen keine Sauerstoffverbindungen beteiligt sind. Eine solche Reaktion ist beispielsweise die Synthese von Chlorwasserstoff.
Wie ist es möglich, solche chemischen Reaktionen den Redoxreaktionen zuzuordnen?
Auf diese Frage wird im folgenden Kapitel eine Antwort gegeben.

Redoxreaktion – Elektronenübergang 1

▼ 1
▼ 2

Vorsicht! Zinkoxid wird mit feinem Magnesiumgrieß gemischt und erhitzt.

Vorsicht! Zink wird mit verdünnter Chlorwasserstoffsäure versetzt.

Metalloxide mit Ionenbeziehung bei Redoxreaktionen. Die chemische Reaktion von Zinkoxid mit Magnesium ist ein Beispiel für eine Redoxreaktion (Experiment 1).

$$\text{ZnO} + \text{Mg} \longrightarrow \text{Zn} + \text{MgO}$$

Teilreaktion Oxydation (ZnO → Zn)
Teilreaktion Reduktion (Mg → MgO)

Bei der Stoffumwandlung finden Veränderungen von Teilchen statt. Zinkoxid ist aus Zink-Ionen Zn^{2+} und Oxid-Ionen O^{2-} aufgebaut. Bei dieser chemischen Reaktion bildet sich Zink. Aus Zink-Ionen entstehen Zinkatome, indem sie Elektronen aufnehmen. Magnesiumoxid ist das andere Reaktionsprodukt. Es besteht aus Magnesium-Ionen Mg^{2+} und Oxid-Ionen O^{2-}. Aus Magnesiumatomen entstehen Magnesium-Ionen, indem sie Elektronen abgeben. Die Ionen des Elements Sauerstoff, die Oxid-Ionen, verändern sich bei der Reaktion nicht. Die Redoxreaktion zwischen Zinkoxid und Magnesium ist eine chemische Reaktion, bei der gleichzeitig Elektronenabgabe und Elektronenaufnahme erfolgen. Ein **Elektronenübergang** findet statt. Er führt zur Ladungsänderung von Teilchen. ① ② ③ (↗ S. 7)

Elektronenübergang bei der chemischen Reaktion eines unedlen Metalls mit einer verdünnten Säure. Die chemische Reaktion von Zink mit verdünnter Chlorwasserstoffsäure ist eine chemische Reaktion, bei der Atome beziehungsweise Ionen durch Elektronenabgabe beziehungsweise Elektronenaufnahme in andere Teilchen umgewandelt werden, die andere elektrische Ladungen haben (Experiment 2).

$$\underset{\text{Elektronenaufnahme}}{\overset{\text{Elektronenabgabe}}{Zn + 2H^+ + 2Cl^- \longrightarrow Zn^{2+} + H_2 + 2Cl^-}}$$

Aus Zinkatomen entstehen durch Elektronenabgabe Zink-Ionen. Andererseits nehmen Wasserstoff-Ionen Elektronen auf. Es bilden sich Wasserstoffatome und daraus Wasserstoffmoleküle. Gasförmiger Wasserstoff entweicht. Die Chlorid-Ionen verändern sich bei der Reaktion nicht. Diese Reaktion wurde bisher keiner bestimmten Reaktionsart zugeordnet. Die Veränderungen der Teilchen weisen aber auf Ähnlichkeiten mit der Reaktion zwischen Zinkoxid mit Magnesium, also mit einer Redoxreaktion, hin. Bei beiden Reaktionen finden Elektronenübergänge und Ladungsänderungen von Teilchen statt. ④

Metalloxide mit polarer Atombindung bei Redoxreaktionen. Die chemische Reaktion von Kupfer(II)-oxid mit Wasserstoff ist eine Redoxreaktion.

$$\underset{\text{Teilreaktion Reduktion}}{\overset{\text{Teilreaktion Oxydation}}{CuO + H_2 \longrightarrow Cu + H_2O}}$$

Kupfer(II)-oxid und Wasser bestehen nicht aus Ionen. Es lassen sich keine Angaben über eine Veränderung der Teilchen im Sinne von Elektronenabgabe oder Elektronenaufnahme machen. ⑤ ⑥
Bei Kupfer(II)-oxid unterscheiden sich die am Aufbau der Verbindung beteiligten Elemente wesentlich in ihren Elektronegativitätswerten. Die Elektronen des gemeinsamen Elektronenpaars sind dem Sauerstoffatom näher als dem Kupferatom. Trifft man die Vereinbarung, das gemeinsame Elektronenpaar bei einer polaren Atombindung völlig dem Atom des Elements mit dem höheren Elektronegativitätswert zuzuordnen, so kann man sich Kupfer(II)-oxid aus Kupfer(II)-Ionen und Oxid-Ionen aufgebaut denken. Wasser wird entsprechend als aus Wasserstoff-Ionen und Oxid-Ionen aufgebaut gedacht. Mit Hilfe dieser Betrachtungsweise läßt sich für die Redoxreaktion zwischen Kupfer(II)-oxid und Wasserstoff ein gedachter Elektronenübergang aufzeigen. ⑦

▶ **Bei verschiedenen chemischen Reaktionen führen wirkliche oder gedachte Elektronenübergänge zu Ladungsänderungen von Teilchen chemischer Elemente.**

Oxydationszahl 2

Kennzeichnung vorhandener oder gedachter elektrischer Ladungen von Teilchen. Bei einfachen Ionen werden bekanntlich die Art und Anzahl elektrischer Ladungen hinter dem Symbol des betreffenden Elements angegeben. Diese Ladungsangaben widerspiegeln die Anzahl abgegebener oder aufgenommener Elektronen im Vergleich zu den entsprechenden elektrisch neutralen Atomen. Vorhandene oder gedachte elektrische Ladungen von Teilchen der chemischen Elemente werden einheitlich durch die **Oxydationszahl** angegeben. Die Oxydationszahlen der Elemente in einer Verbindung geben keine Auskunft über die tatsächlich vorliegende Art der Teilchen.

① Erläutern Sie am Beispiel der Reaktion von Zinkoxid mit Magnesium die Merkmale der chemischen Reaktion!

② Geben Sie die Stellung der Elemente Zink und Magnesium im Periodensystem der Elemente an (↗ TW 7–10)!

③ Informieren Sie sich über den Bau der Atome von Zink und Magnesium (↗ TW 7–10)! Vergleichen Sie diesen mit dem Bau der entsprechenden Ionen!

④ Entwickeln Sie für die chemische Reaktion von Magnesium mit verdünnter Schwefelsäure die chemische Gleichung in Ionenschreibweise! Kennzeichnen Sie daran Elektronenabgabe und Elektronenaufnahme!

⑤ Informieren Sie sich über die Arten der chemischen Bindung (↗ ChiÜb)! Wenden Sie diese Kenntnisse auf die hier genannten Ausgangsstoffe und Reaktionsprodukte an!

⑥ Vergleichen Sie die Elektronegativitätswerte der Elemente Kupfer und Sauerstoff sowie der Elemente Wasserstoff und Sauerstoff (↗ TW 7–10)!

⑦ Entwickeln Sie die chemische Gleichung für die chemische Reaktion von Blei(II)-oxid mit Wasserstoff! Erörtern Sie, ob und wie bei dieser chemischen Reaktion ein Elektronenübergang denkbar ist!

⑧ Bestimmen Sie die Oxydationszahlen der Elemente in Ausgangsstoffen und Reaktionsprodukten bei der chemischen Reaktion von Wasserdampf mit Magnesium! Entwickeln Sie die chemische Gleichung für die chemische Reaktion! Nutzen Sie dazu die Beispiele für Oxydationszahlen (↗ S. 7)!

In der chemischen Zeichensprache wird die Oxydationszahl als arabische Ziffer mit positivem oder negativem Vorzeichen über dem Symbol des chemischen Elements angegeben.

■ $\overset{+2\,-2}{ZnO}$; $\overset{+2\,-2}{CuO}$; $\overset{+2}{Zn^{2+}}$; $\overset{+1}{H^+}$; $\overset{+1\,-2}{H_2O}$

▶ **Die Oxydationszahl eines Elements in einer Verbindung gibt Art und Anzahl der elektrischen Ladungen an, die einem Teilchen dieses Elements zukommt, wenn man die Verbindung als aus Ionen aufgebaut betrachtet.**

Bei einem Stoff, der nur aus einem Element besteht, erhält das Element die Oxydationszahl Null. Dabei ist es gleichgültig, ob wie bei Graphit, Diamant und Silizium Atomkristalle, bei Kupfer, Magnesium und Zink Metallkristalle oder bei Sauerstoff, Wasserstoff und Chlor Moleküle vorliegen. ⑧

■ $\overset{\pm 0}{Zn}$; $\overset{\pm 0}{Mg}$; $\overset{\pm 0}{Cu}$; $\overset{\pm 0}{C}$; $\overset{\pm 0}{H_2}$; $\overset{\pm 0}{O_2}$; $\overset{\pm 0}{Cl_2}$

▶ **In den Stoffen, die nur aus einem Element bestehen, erhalten die Elemente die Oxydationszahl Null.**

Unterschiedliche Oxydationszahlen eines Elements. Ist ein Element Bestandteil einer chemischen Verbindung, so richtet sich die Oxydationszahl danach, mit welchen anderen Elementen es verbunden ist und in welchem Zahlenverhältnis die Atome der verschiedenen Elemente in der Verbindung auftreten.

Liegt zwischen den Atomen zweier Elemente in einer Verbindung polare Atombindung vor, so werden die gemeinsamen Elektronenpaare zu den Atomen des Elements mit dem größeren Elektronegativitätswert hin verlagert gedacht. Die Atome dieses Elements erhalten mit jedem verlagerten Elektronenpaar ein zusätzliches Elektron zugeordnet. Das bedeutet aber die Aufnahme einer negativen elektrischen Ladung und somit eine Erniedrigung der Oxydationszahl um 1. Entgegengesetzt führt die gedachte Abtrennung eines Elektronenpaars von einem Atom zur Abgabe einer negativen elektrischen Ladung und damit zu einer Erhöhung der Oxydationszahl um 1. Ein Element kann somit verschiedene Oxydationszahlen haben (Übersicht 1). ①

Übersicht 1 Gedankliche Zuordnung gemeinsamer Elektronenpaare beim Bestimmen der Oxydationszahlen für die Elemente in Methan und Kohlendioxid

Name der Verbindung	■ Methan	■ Kohlendioxid
Formel	CH_4	CO_2
Elektronegativitätswerte	C: 2,5; H: 2,1	C: 2,5; O: 3,5
Vergleich der Elektronegativitätswerte	2,5 > 2,1	2,5 < 3,5
Außenelektronen der Atome	·C̈· ; ·H	·C̈· ; ·Ö·
Richtung der Zuordnung der Elektronen	C ⟵ H	C ⟶ O
Zuordnung der Elektronen (gedanklich)	H (:C̈:) H mit H oben und H unten	Ö::) C (::Ö
Oxydationszahlen	$\overset{-4\,+1}{CH_4}$	$\overset{+4\,-2}{CO_2}$

▶ **Die Oxydationszahl eines Elements in einer Verbindung ist abhängig von der Art und der Anzahl der miteinander verbundenen Teilchen.**

Oxydationszahlen von Hauptgruppenelementen und Periodensystem der Elemente. Bei Hauptgruppenelementen besteht ein direkter Zusammenhang zwischen den möglichen höchsten Oxydationszahlen und der Stellung dieser Elemente im Periodensystem der Elemente (Abb. 1).
Für die Elemente der I. bis VII. Hauptgruppe entspricht die mögliche höchste Oxydationszahl zahlenmäßig der Gruppennummer und somit auch der höchstmöglichen Wertigkeit gegenüber dem Element Sauerstoff (Übersicht 2).

Übersicht 2 Zusammenhang zwischen der Stellung einiger Hauptgruppenelemente im Periodensystem und ihrer höchstmöglichen Oxydationszahl

Nummer der Hauptgruppe	I	II	III	IV	V	VI	VII
Anzahl der Außenelektronen	1	2	3	4	5	6	7
Höchste Wertigkeit gegenüber dem Element Sauerstoff	I	II	III	IV	V	VI	VII
Höchste Oxydationszahl	+1	+2	+3	+4	+5	+6	+7
Oxide der Elemente der 3. Periode	$\overset{+1}{Na_2O}$	$\overset{+2}{MgO}$	$\overset{+3}{Al_2O_3}$	$\overset{+4}{SiO_2}$	$\overset{+5}{P_2O_5}$	$\overset{+6}{SO_3}$	$\overset{+7}{Cl_2O_7}$

① Bestimmen Sie mit Hilfe der Kenntnisse über Atombau, chemische Bindung und Elektronegativitätswerte die Oxydationszahlen der Elemente in Kohlenmonoxid, Siliziumdioxid und Ammoniak!

② Geben Sie mit Hilfe der Kenntnisse über den Zusammenhang zwischen den Oxydationszahlen von Hauptgruppenelementen und der Stellung dieser Elemente im Periodensystem die möglichen niedrigsten Oxydationszahlen für die Elemente mit den Ordnungszahlen 6 bis 9 und 14 bis 17 an!

③ Begründen Sie mit Hilfe der Elektronegativitätswerte (↗ TW 7–10), warum alle metallischen Elemente in ihren Verbindungen mit den Elementen Sauerstoff, Chlor oder Schwefel positive Oxydationszahlen erhalten müssen!

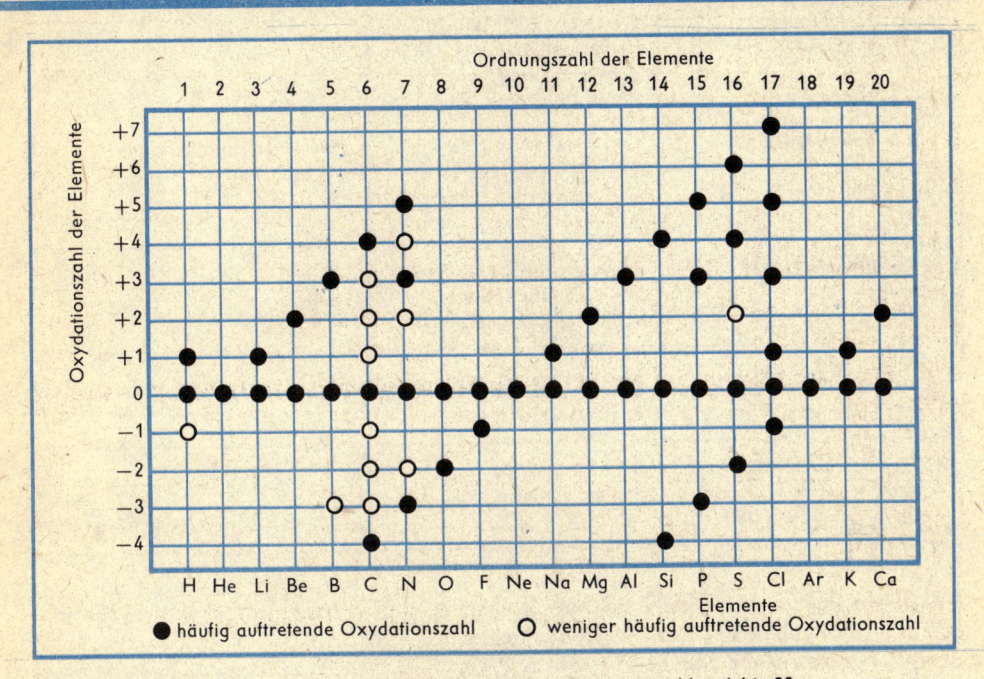

Abb. 1 Häufige Oxydationszahlen der Elemente mit den Ordnungszahlen 1 bis 20

Die mögliche höchste Oxydationszahl eines Elements ist somit zahlenmäßig gleich der Anzahl der Außenelektronen der Atome des entsprechenden Elements. Tritt ein Element in einer Verbindung mit seiner möglichen höchsten Oxydationszahl auf, so bedeutet das, daß die betrachteten Atome sämtliche Außenelektronen an andere Teilchen abgegeben haben. Eine negative Oxydationszahl drückt aus, daß ein Atom eines Elements Elektronen aufgenommen hat. Für die Elemente der IV. bis VII. Hauptgruppe entsprechen die möglichen niedrigsten Oxydationszahlen zahlenmäßig der höchstmöglichen Wertigkeit des Elements gegenüber dem Element Wasserstoff (↗ ChiÜb). ②

Bestimmen von Oxydationszahlen 3

Festlegungen zum Bestimmen von Oxydationszahlen. Das Bestimmen der Oxydationszahlen von Elementen in Verbindungen wird durch eine Reihe von Festlegungen erleichtert (Übersicht 3). ③

Übersicht 3 Festlegungen zum Bestimmen von Oxydationszahlen ①②

Es gilt für	die Festlegung	■
1. Elemente in Stoffen aus einem Element	Oxydationszahl: ±0	± 0; ± 0 Mg; Cl_2

2. Einige Elemente in Verbindungen
  2.1. Metallische Elemente
  2.2. Wasserstoff
  2.3. Sauerstoff
	Oxydationszahl ist positiv und entspricht zahlenmäßig der Wertigkeit
	Oxydationszahl: +1
	Oxydationszahl: —2
		$\overset{+2}{C}uO$
		$\overset{+1}{N}aOH$
		$\overset{-2}{P}bO$

3. Einfache Ionen	Oxydationszahl entspricht der elektrischen Ladung	$\overset{+2}{Cu^{2+}}$; $\overset{-1}{Br^-}$
4. Zusammengesetzte Ionen	Summe aller Oxydationszahlen entspricht der elektrischen Ladung	$\overset{+6 -2}{SO_4^{2-}}$ $+6+4(-2)=-2$
5. Moleküle von Verbindungen	Summe aller Oxydationszahlen ist gleich Null	$\overset{+1 -2}{H_2O}$ $2(+1)+(-2)=0$
6. Elektrisch neutrale Atomgruppen (gedacht bei organischen Stoffen)	Summe aller Oxydationszahlen ist gleich Null	$\overset{-1 +1 -2 +1}{C\ H_2O\ H}$ $-1+2(+1)+(-2)+(+1)=0$

Bei Stoffen mit Ionenbeziehung gilt die Festlegung 5. Es wird entsprechend der Formel das Zahlenverhältnis der Ionen zugrunde gelegt.
Beim Berechnen einer Summe von Oxydationszahlen entsprechend den Festlegungen 4, 5 und 6 ist zu beachten, daß die Oxydationszahl mit einer vorhandenen tiefgestellten Zahl hinter dem Symbol des Elements zu multiplizieren ist.

Besonderheiten beim Bestimmen der Oxydationszahlen der Elemente in organischen Verbindungen. In den Molekülen mit zwei und mehr Kohlenstoffatomen liegen meist Grundgerüste mit durchgehenden Ketten oder Ringen von Kohlenstoffatomen vor. Ausgehend von der Strukturformel oder vereinfachten Strukturformel wird eine Trennung der chemischen Bindung zwischen benachbarten Kohlenstoffatomen angenommen. Dabei läßt sich jedem Kohlenstoffatom ein Elektron eines gemeinsamen Elektronenpaars zuordnen. Gedanklich entstehen so elektrisch neutrale Atomgruppen, die ein Kohlenstoffatom und die daran gebundenen andersartigen Atome enthalten (Abb. 2). ③
Meist genügt es, bei der Bestimmung von Oxydationszahlen der Elemente in organischen Verbindungen nur wesentliche Atomgruppen zu berücksichtigen. Oxydationszahlen werden dann nur für die Elemente in solchen Atomgruppen bestimmt, an denen infolge einer chemischen Reaktion Veränderungen in der Zusammensetzung auftreten. Häufig sind das solche Atomgruppen, die funktionelle Gruppen sind oder enthalten.

Schrittfolge zum Bestimmen der Oxydationszahlen von Elementen in Verbindungen. In der nachstehenden Schrittfolge (Übersicht 4) sind die Festlegungen zum Bestimmen von Oxydationszahlen (↗ Übersicht 3) berücksichtigt. ④⑤⑥⑦⑧

① Geben Sie die Oxydationszahlen an für: Mg, Cl^-, Na^+, Cl_2, Al^{3+}, P, I^-, Al, Ca^{2+} und N_2!

② Bilden Sie die Summen der Oxydationszahlen der Elemente in den Verbindungen mit den Formeln $CuCl_2$, MgO und CO_2!

③ Beweisen Sie durch Vergleiche der Anzahl aller Protonen und Elektronen, daß die gedanklich abgetrennte Atomgruppe CH_2OH (↗ Abb. 2) elektrisch neutral sein muß!

④ Bestimmen Sie mit Hilfe der Schrittfolge (↗ Übersicht 4) die Oxydationszahlen für die Elemente in folgenden Verbindungen: $MgBr_2$, $AlCl_3$, MnO_2, P_2O_5, $PbCl_2$ und SiO_2!

⑤ Bestimmen Sie mit Hilfe der Schrittfolge (↗ Übersicht 4) die Oxydationszahlen für die Elemente in folgenden Verbindungen: a) H_3PO_4, HNO_3, H_2SO_3 und H_2CO_3; b) $PbSO_4$, Na_2SO_3, $CaCO_3$ und $MgBr_2$!

⑥* Bestimmen Sie mit Hilfe der Schrittfolge (↗ Übersicht 4) die Oxydationszahlen der Elemente in den Ionen SO_4^{2-}, SO_3^{2-}, CO_3^{2-}, PO_4^{3-}!

⑦ Bestimmen Sie mit Hilfe der Schrittfolge (↗ Übersicht 4) die Oxydationszahlen der Elemente in den wesentlichen Atomgruppen von C_2H_5OH, CH_3CHO und CH_3COOH!

⑧ Bestimmen Sie die Oxydationszahlen für die Elemente in den wichtigen Atomgruppen von Propanol, Propanal und Propansäure!

Abb. 2 Gedankliches Trennen der chemischen Bindungen zwischen Kohlenstoffatomen beim Bestimmen der Oxydationszahlen der Elemente in organischen Verbindungen mit mehreren Kohlenstoffatomen im Molekül

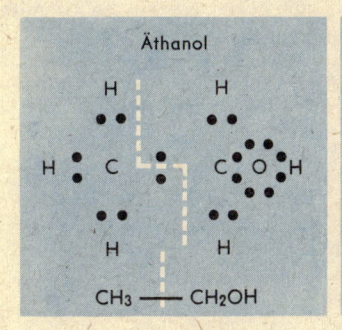

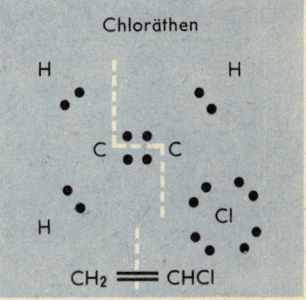

Übersicht 4   Schrittfolge zum Bestimmen von Oxydationszahlen für Elemente in Verbindungen

Schritte	Schwefelsäure	Genutzte Festlegung Nebenrechnung
1. Notieren der Formel	H_2SO_4	
2. Erteilen von Oxydationszahlen nach Festlegung 2. (Übersicht 3)	$\overset{+1}{H_2} \overset{x}{S} \overset{-2}{O_4}$	Festlegungen 2.2. und 2.3.
3. Berechnen der fehlenden Oxydationszahl über Festlegungen 5. und 6. (Übersicht 3)	$\overset{+1}{H_2} \overset{+6}{S} \overset{-2}{O_4}$	Festlegung 5. $2(+1) + x + 4(-2) = 0$ $x = +6$
4. Durchführen der Probe über Festlegungen 5. oder 6. (Übersicht 3)	$\overset{+1}{H_2} \overset{+6}{S} \overset{-2}{O_4}$ Summe der Oxydationszahlen entspricht der Festlegung 5.	Festlegung 5. $2(+1) + (+6) + 4(-2) = 0$

Oxydationszahl und Redoxreaktion   4

▼ 3

> **Vorsicht!** Wasserstoff wird über glühendes Kupfer(II)-oxid geleitet.

Änderung von Oxydationszahlen chemischer Elemente bei chemischen Reaktionen. Erfolgen bei einer chemischen Reaktion Sauerstoffabgabe und Sauerstoffaufnahme, so ändern sich Oxydationszahlen von Elementen (Experiment 3).

■ $\overset{+2-2}{CuO} + \overset{\pm 0}{H_2} \longrightarrow \overset{\pm 0}{Cu} + \overset{+1-2}{H_2O}$ $\overset{+1-2}{H_2O} + \overset{\pm 0}{Mg} \longrightarrow \overset{\pm 0}{H_2} + \overset{+2-2}{MgO}$

Auch bei chemischen Reaktionen unedler Metalle mit Säurelösungen beziehungsweise von Natrium, Kalium oder Kalzium mit Wasser verändern sich Oxydationszahlen.

■ $\overset{\pm 0}{Zn} + 2\,\overset{+1-1}{HCl} \longrightarrow \overset{+2-1}{ZnCl_2} + \overset{\pm 0}{H_2}$ $2\,\overset{\pm 0}{Na} + 2\,\overset{+1-2}{H_2O} \longrightarrow 2\,\overset{+1-2+1}{NaOH} + \overset{\pm 0}{H_2}$

Bei allen hier angeführten chemischen Reaktionen verändern sich die Oxydationszahlen einzelner Elemente. Auf Grund dieses gemeinsamen Merkmals können solche chemischen Reaktionen zu einer Art von Reaktionen zugeordnet werden. Es sind **Redoxreaktionen**. Zu den Redoxreaktionen gehören also auch solche chemischen Reaktionen, bei denen keine Sauerstoffabgabe und Sauerstoffaufnahme erfolgen. ① ②

▶ **Redoxreaktionen sind chemische Reaktionen, bei denen Elemente der reagierenden Stoffe ihre Oxydationszahl ändern.**

Oxydation und Reduktion bei Redoxreaktionen. Die Teilreaktionen Oxydation und Reduktion sind durch die Richtung der Veränderung von Oxydationszahlen gekennzeichnet. Bei der chemischen Reaktion von Kupfer(II)-oxid mit Wasserstoff wird die Oxydationszahl des Elements Wasserstoff größer, indem sie sich von ± 0 zu $+1$ verändert. Diese Teilreaktion ist die Oxydation. Die Oxydationszahl des Elements Kupfer wird bei dieser chemischen Reaktion kleiner, da sie sich von $+2$ zu ± 0 verändert. Diese Teilreaktion ist die Reduktion.

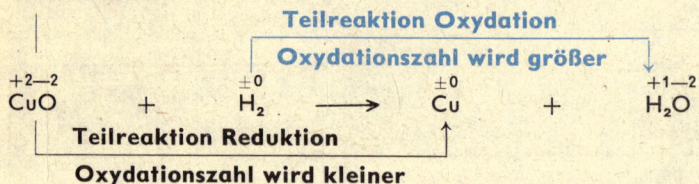

```
                    Teilreaktion Oxydation
                 Oxydationszahl wird größer
  +2-2                  ±0              ±0            +1-2
  CuO      +             H_2    ⟶       Cu     +      H_2O
             Teilreaktion Reduktion
           Oxydationszahl wird kleiner
```

▶ **Oxydation ist die Teilreaktion einer Redoxreaktion, bei der die Oxydationszahl eines Elements größer wird.**
Reduktion ist die Teilreaktion einer Redoxreaktion, bei der die Oxydationszahl eines Elements kleiner wird.

Zugleich mit jeder Oxydation erfolgt notwendig eine Reduktion. Oxydation und Reduktion sind einander entgegengesetzte Vorgänge. Sie bilden eine Einheit von Gegensätzen, die Redoxreaktion. ③

Oxydationsmittel und Reduktionsmittel bei Redoxreaktionen. Die Begriffe Oxydationsmittel und Reduktionsmittel lassen sich mit Hilfe der Oxydationszahlen definieren. Bei der chemischen Reaktion von Kupfer(II)-oxid mit Wasserstoff ist Kupfer(II)-oxid der Reaktionspartner, bei dem die Oxydationszahl des Elements Kupfer kleiner wird. Es ist das Oxydationsmittel. Wasserstoff ist dagegen das Reduktionsmittel, denn die Oxyda-

① Begründen Sie, warum die folgenden chemischen Reaktionen Redoxreaktionen sind:
  a) Reaktion von Kupfer(II)-oxid mit Zink,   b) Reaktion von Wasserstoff mit Sauerstoff,
  c) Reaktion von Wasserstoff mit Chlor,   d) Reaktion von Eisen mit verdünnter Schwefelsäure!
  Stellen Sie dazu die chemischen Gleichungen für die Reaktionen auf! Bestimmen und vergleichen Sie die Oxydationszahlen!

② Begründen Sie, warum die folgenden chemischen Reaktionen den Redoxreaktionen zuzuordnen sind:
  a) Reaktion von Kohlenstoff mit Kohlendioxid,   b) Reaktion von Äthen mit Wasserstoff,
  c) Reaktion von Phosphor mit Sauerstoff!

③ Bestimmen Sie für die folgenden Redoxreaktionen die Teilreaktionen Oxydation und Reduktion:
  a) $Fe_2O_3 + 3\ CO \longrightarrow 2\ Fe + 3\ CO_2$,   b) $Ca + Cl_2 \longrightarrow CaCl_2$,
  c) $2\ HCHO + O_2 \longrightarrow 2\ HCOOH$!   Arbeiten Sie dabei mit Oxydationszahlen!

④ Geben Sie für die folgenden chemischen Reaktionen Oxydationsmittel und Reduktionsmittel an:
  a) $2\ Na + Cl_2 \longrightarrow 2\ NaCl$,
  b) $2\ KBr + Cl_2 \longrightarrow 2\ KCl + Br_2$,
  c) $3\ CuO + 2\ Al \longrightarrow 3\ Cu + Al_2O_3$,
  d) $Mg + 2\ H^+ + SO_4^{2-} \longrightarrow Mg^{2+} + SO_4^{2-} + H_2$!
  Begründen Sie Ihre Aussagen mit Hilfe der Oxydationszahlen!

tionszahl des Elements Wasserstoff wird größer. Dabei sind die Begriffe Oxydationsmittel und Reduktionsmittel auf die Stoffe Kupfer(II)-oxid und Wasserstoff bezogen.
Die Begriffe Oxydationsmittel und Reduktionsmittel lassen sich auch auf Teilchen beziehen. Bei der chemischen Reaktion von Zink mit verdünnter Chlorwasserstoffsäure sind die Wasserstoff-Ionen das Oxydationsmittel, denn die Oxydationszahl des Elements Wasserstoff wird kleiner. Zinkatome sind bei der chemischen Reaktion das Reduktionsmittel. Die Oxydationszahl des Elements Zink wird größer. ④

Oxydationsmittel

$$\overset{\pm 0}{Zn} + 2\ \overset{+1}{H^+} + 2\ \overset{-1}{Cl^-} \longrightarrow \overset{+2}{Zn^{2+}} + 2\ \overset{-1}{Cl^-} + \overset{\pm 0}{H_2}$$

Reduktionsmittel

▶ **Als Oxydationsmittel wirkt der Reaktionspartner, bei dem die Oxydationszahl eines Elements kleiner wird.**
Als Reduktionsmittel wirkt der Reaktionspartner, bei dem die Oxydationszahl eines Elements größer wird.

Erkennen von Redoxreaktionen 5

▼ 4 Kaliumjodidlösung wird mit etwas Chlorwasser oder Bromwasser und anschließend mit Stärkelösung versetzt (↗ Ch–SE 9/10, Experiment 8, S. 18).

▼ 5 Bromwasser ist mit Zink-, Eisen- oder Magnesiumpulver zu versetzen und zu schütteln (↗ Ch–SE 9/10, Experiment 8, S. 18).

▼ 6 Jodlösung wird mit Zink-, Eisen- oder Magnesiumpulver versetzt und geschüttelt (↗ Ch–SE 9/10, Experiment 8, S. 18).

Unterscheiden der Redoxreaktion von anderen chemischen Reaktionen. Durch Bestimmen und Vergleichen der Oxydationszahlen ist es möglich, Redoxreaktionen von chemischen Reaktionen anderer Art zu unterscheiden. Nur bei Redoxreaktionen tritt eine Veränderung der Oxydationszahlen von Elementen ein. Dabei ist es gleichgültig, ob es sich um chemische Reaktionen mit anorganischen oder organischen Stoffen handelt. Die chemischen Reaktionen von Metalloxiden oder Nichtmetalloxiden mit geeigneten Metallen sind ebenso Redoxreaktionen wie die chemischen Reaktionen von Wasser beziehungsweise verdünnten Säuren mit unedlen Metallen.

■ $\overset{\pm 0}{2\,Mg} + \overset{+4\,-2}{CO_2} \longrightarrow \overset{+2\,-2}{2\,MgO} + \overset{\pm 0}{C}$ $\overset{\pm 0}{Ca} + \overset{+1\,-2}{2\,H_2O} \longrightarrow \overset{+2\,-2\,+1}{Ca(OH)_2} + \overset{\pm 0}{H_2}$

$\overset{\pm 0}{Mg} + \overset{+1\,+6\,-2}{H_2SO_4} \longrightarrow \overset{+2\,+6\,-2}{MgSO_4} + \overset{\pm 0}{H_2}$

Auch die chemischen Reaktionen von Metallen oder Nichtmetallen mit Sauerstoff sind Redoxreaktionen.

■ $\overset{\pm 0}{2\,Zn} + \overset{\pm 0}{O_2} \longrightarrow \overset{+2\,-2}{2\,ZnO}$ $\overset{\pm 0}{C} + \overset{\pm 0}{O_2} \longrightarrow \overset{+4\,-2}{CO_2}$

Neben Sauerstoff sind auch Fluor, Chlor, Brom und Jod als Oxydationsmittel wirksam. So können Chlor beziehungsweise Brom Jodid-Ionen zu Jod oxydieren, das sich durch Blaufärbung von Stärkelösung nachweisen läßt (Experiment 4). Bei der Synthese von Halogenwasserstoffen ist Wasserstoff das Reduktionsmittel.

$\overset{\pm 0}{H_2} + \overset{\pm 0}{Br_2} \longrightarrow \overset{+1\,-1}{2\,HBr}$

Halogenide lassen sich durch chemische Reaktion von Metallen mit den entsprechenden Halogenen darstellen (Experimente 5 und 6). Dabei sind die Metalle die Reduktionsmittel.

■ Wird gelbbraunes Bromwasser mit Zinkpulver versetzt, so entsteht eine farblose Lösung von Zinkbromid. Brom oxydiert Zink zu Zink-Ionen und wird selbst zu Bromid-Ionen reduziert.

$\overset{\pm 0}{Zn} + \overset{\pm 0}{Br_2} \longrightarrow \overset{+2}{Zn^{2+}} + \overset{-1}{2\,Br^-}$

Die Oxydationszahl des Elements Zink wird größer. Es wirkt als Reduktionsmittel. Die Oxydationszahl des Elements Brom wird kleiner. Es wirkt als Oxydationsmittel. Diese chemische Reaktion ist eine Redoxreaktion, denn Oxydationszahlen von Elementen ändern sich.

Bei Neutralisationen, bei chemischen Reaktionen von Metalloxiden mit Wasser, bei chemischen Reaktionen von Metalloxiden mit verdünnten Säuren und bei Fällungsreaktionen sind keine Änderungen von Oxydationszahlen festzustellen. Es sind keine Redoxreaktionen. ① ②

■ $\overset{+1\,-2\,+1}{NaOH} + \overset{+1\,-1}{HCl} \longrightarrow \overset{+1\,-1}{NaCl} + \overset{+1\,-2}{H_2O}$ $\overset{+2\,-2}{CuO} + \overset{+1\,+6\,-2}{H_2SO_4} \longrightarrow \overset{+2\,+6\,-2}{CuSO_4} + \overset{+1\,-2}{H_2O}$

$\overset{+2\,-2}{CaO} + \overset{+1\,-2}{H_2O} \longrightarrow \overset{+2\,-2\,+1}{Ca(OH)_2}$ $\overset{+1\,+5\,-2}{AgNO_3} + \overset{+1\,-1}{NaCl} \longrightarrow \overset{+1\,-1}{AgCl} + \overset{+1\,+5\,-2}{NaNO_3}$

▼ 7 **Vorsicht!** Methanallösung wird zusammen mit frisch zubereiteter ammoniakalischer Silbernitratlösung im Wasserbad erwärmt.

▼ 8 **Vorsicht!** Glukoselösung wird zusammen mit Fehlingscher Lösung zum Sieden erhitzt.

Redoxreaktionen organischer Stoffe. Beispiele für Redoxreaktionen mit organischen Stoffen sind chemische Reaktionen von Kohlenwasserstoffen, Alkanolen und Alkanalen

① Beurteilen Sie, ob nachstehende chemische Reaktionen Redoxreaktionen sind: a) Reaktion von Zink mit Sauerstoff, b) Reaktion von Kupfer mit Chlor, c) Reaktion von Kaliumjodid mit Chlor, d) Reaktion von Magnesiumchloridlösung mit Silbernitratlösung, e) Reaktion von Wasserstoff mit Brom!

② Beurteilen Sie nach dem Bestimmen von Oxydationszahlen der Elemente folgende chemische Reaktionen: a) Reaktion von Eisen(III)-oxid mit Kohlenstoff, b) Reaktion von Kalziumoxid mit Wasser, c) Reaktion von Barium mit Wasser, d) Reaktion von Magnesiumhydroxid mit verdünnter Schwefelsäure!

③* Bei der alkoholischen Gärung erfolgt die chemische Reaktion entsprechend der Gleichung:
$C_6H_{12}O_6 \xrightarrow{Hefe} 2\ C_2H_5OH + 2\ CO_2$; $Q = -104{,}5$ kJ.
Bestimmen Sie die Oxydationszahlen der Elemente! Beurteilen Sie, ob eine Redoxreaktion vorliegt!

---

mit Sauerstoff. Auch chemische Reaktionen von Stoffen mit der Aldehydgruppe im Molekül mit Silber-Ionen oder mit Kupfer(II)-Ionen in basischer Lösung (Experiment 7) sind Redoxreaktionen.

■ $2\ \overset{+1}{CH_3}-\overset{}{CHO} + \overset{\pm 0}{O_2} \xrightarrow{Kat.} 2\ \overset{+3}{CH_3}-COOH$

$\overset{\pm 0}{H}-\overset{+1}{CHO} + 2\ AgOH \longrightarrow 2\ \overset{\pm 0}{Ag} + \overset{+2}{H}-COOH + H_2O$

Beim Nachweis von Glukose mit Fehlingscher Lösung liegt auch eine Redoxreaktion vor (Experiment 8).

■ $\overset{+1}{CHO} \atop C_5H_{11}O_5$ $+ 2\ \overset{+2}{Cu}(OH)_2 \longrightarrow$ $\overset{+3}{COOH} \atop C_5H_{11}O_5$ $+ \overset{+1}{Cu_2}O + 2\ H_2O$

Redoxreaktionen sind auch die chemischen Reaktionen, die von einem Kohlenwasserstoff zu organischen Sauerstoffverbindungen führen, die als Oxydationsprodukte des Kohlenwasserstoffs aufzufassen sind. Dazu gehören beispielsweise die chemischen Reaktionen, die von Äthan zu Äthansäure führen. ③

■ $\overset{-3}{CH_3}-CH_3$ $\overset{-1}{CH_3}-CH_2OH$ $\overset{+1}{CH_3}-CHO$ $\overset{+3}{CH_3}-COOH$
  Äthan   Äthanol   Äthanal   Äthansäure

Die für alles Leben auf der Erde grundlegenden chemischen Reaktionen, die Assimilation und die ihr gegenläufige Atmung, sind Redoxreaktionen.

■ $6\ \overset{+4\ -2}{CO_2} + 6\ H_2O \underset{Atmung}{\overset{\text{Assimilation (Photosynthese)}}{\rightleftharpoons}} \overset{\pm 0}{C_6H_{12}O_6} + 6\ \overset{\pm 0}{O_2}$; $Q = +2821{,}5$ kJ

Redoxreaktionen in der chemischen Produktion   6

Die Stoffumwandlungen in der chemischen Produktion erfolgen häufig durch Redoxreaktionen (Übersicht 5). Zur Durchführung solcher Redoxreaktionen sind billige Reduktionsmittel oder Oxydationsmittel notwendig. So werden Kohle und Wasser häufig zu wichtigen Ausgangsstoffen für die chemische Produktion. Auch Sauerstoff der Luft ist oft Oxydationsmittel. Exotherme und endotherme Reaktionen werden gekoppelt, um die Energiebilanz chemisch-technischer Verfahren zu verbessern.

Übersicht 5 Redoxreaktionen in der chemischen Produktion

Chemisch-technisches Verfahren	Redoxreaktion	Reaktionswärme
Herstellung von Roheisen	$C + O_2 \longrightarrow CO_2;$ $CO_2 + C \rightleftarrows 2\,CO;$ $Fe_2O_3 + 3\,CO \longrightarrow 2\,Fe + 3\,CO_2;$	$Q = -393{,}5$ kJ $Q = +172{,}5$ kJ $Q = -26{,}8$ kJ
Synthese von Chlorwasserstoff	$H_2 + Cl_2 \longrightarrow 2\,HCl;$	$Q = -184{,}6$ kJ
Herstellung von Mischgas (Synthesegas)	$C + O_2 \longrightarrow CO_2;$ $CO_2 + C \rightleftarrows 2\,CO;$ $H_2O + C \longrightarrow CO + H_2;$	$Q = -393{,}5$ kJ $Q = +172{,}5$ kJ $Q = +131{,}1$ kJ
Herstellung von Silizium	$SiO_2 + 2\,C \longrightarrow Si + 2\,CO;$	$Q = +150{,}5$ kJ
Methanolsynthese	$CO + 2\,H_2 \underset{}{\overset{Kat.}{\rightleftarrows}} CH_3OH;$	$Q = -90{,}5$ kJ
Essiggärung	$CH_3\text{–}CH_2OH + O_2 \overset{Enzyme}{\longrightarrow} CH_3COOH + H_2O;$	$Q = -491{,}9$ kJ

Aufgaben zur Festigung   7

1. Erklären Sie den Zusammenhang zwischen der höchstmöglichen Oxydationszahl eines Hauptgruppenelements und dessen Atombau am Beispiel der Elemente Kohlenstoff, Stickstoff, Schwefel und Chlor!
2. Bestimmen Sie die Oxydationszahlen für die Elemente in folgenden Verbindungen: a) $Al(NO_3)_3$, $CrCl_3$, $CaCO_3$; b) $AgNO_3$, AlI_3, $Mg_3(PO_4)_2$!
3. Bestimmen Sie, ob die Halogene bei den Redoxreaktionen mit Metallen beziehungsweise Wasserstoff Reduktionsmittel oder Oxydationsmittel sind!
4. Bestimmen Sie, ob die unedlen Metalle bei den chemischen Reaktionen mit Sauerstoff, Halogenen und Metalloxiden Reduktionsmittel oder Oxydationsmittel sind!
5. Stellen Sie fest, welche chemischen Reaktionen Redoxreaktionen sind: a) Reaktion von Kohlenstoff mit Sauerstoff, b) Reaktion von Kupfer(II)-oxid mit verdünnter Schwefelsäure, c) Reaktion von Natriumjodidlösung mit Brom, d) Reaktion von Kalziumhydroxidlösung mit verdünnter Chlorwasserstoffsäure!
6. Entscheiden Sie nach dem Bestimmen der Oxydationszahlen, ob folgende chemischen Reaktionen Redoxreaktionen sind:

    a) $Ca(OH)_2 + CO_2 \longrightarrow CaCO_3 + H_2O,$
    b) $2\,Al + 3\,I_2 \longrightarrow 2\,AlI_3,$
    c) $Mg(OH)_2 + 2\,HCl \longrightarrow MgCl_2 + 2\,H_2O,$
    d) $FeCl_3 + 3\,AgNO_3 \longrightarrow Fe(NO_3)_3 + 3\,AgCl!$

    Geben Sie für die chemischen Reaktionen, die Sie nicht den Redoxreaktionen zuordnen können, an, welcher anderen Reaktionsart sie zuzuordnen sind!
7. Welche Auswirkung hat bei den chemischen Reaktionen im Hochofen die Redoxreaktion von Kohlendioxid mit Kohlenstoff auf die Energiebilanz des Gesamtprozesses?

Stickstoff als Element der V. Hauptgruppe

Die organischen Stoffe Eiweiß, Harnstoff, roter Blutfarbstoff und Chlorophyll enthalten das Element Stickstoff. Es ist ein lebensnotwendiges Element. Stickstoffhaltige Nährstoffe, die von Pflanzen aus dem Boden aufgenommen werden, sind für das Wachstum besonders wichtig. Dem Boden entzogene stickstoffhaltige Stoffe müssen durch Düngung wieder zugeführt werden. Die chemische Industrie der DDR produziert in großem Umfange Mineraldüngemittel. Stickstoffdüngemittel haben daran einen großen Anteil.
Warum spricht man vom ständigen Kreislauf des Stickstoffs in der Natur?
Ammoniak und Salpetersäure sind anorganische Stoffe, die das Element Stickstoff enthalten.
Wie werden diese für die Volkswirtschaft wichtigen Stoffe hergestellt, die beispielsweise zu Düngemitteln, Plasten und auch Farb- und Sprengstoffen verarbeitet werden?
Luft hat einen Volumenanteil von 78% Stickstoff. Ein Rohstoffproblem gibt es beim Stickstoff deshalb nicht.
Wie gelingt es, den Stickstoff der Luft zu binden und ihn in andere stickstoffhaltige Stoffe umzuwandeln?
Nur wenige Pflanzen, wie Lupinen, Erbsen und Bohnen, können den Stickstoff der Luft mit Hilfe von Knöllchenbakterien verwerten. Warum wird Stickstoff als Schutzgas bei manchen chemischen Reaktionen eingesetzt?
Die Eigenschaften des Elements Stickstoff sind im Bau seiner Atome begründet. Einige Angaben dazu kann man aus der Stellung des Elements Stickstoff im Periodensystem der Elemente entnehmen.

Elemente der V. Hauptgruppe 8

Bau der Atome und Eigenschaften der Elemente. Die Elemente **Stickstoff** N, **Phosphor** P, **Arsen** As, **Antimon** Sb und **Wismut** (auch Bismut) Bi bilden die V. Hauptgruppe des Periodensystems der Elemente. Die Elemente weisen Gemeinsamkeiten im Bau ihrer Atome auf und haben deshalb auch Ähnlichkeiten in ihren Eigenschaften. Die Atome dieser Elemente haben jeweils 5 Außenelektronen. Gegenüber dem Element Sauerstoff können die Elemente der V. Hauptgruppe höchstens fünfwertig sein. In Verbindungen mit dem Element Sauerstoff erreichen sie als höchste Oxydationszahl +5. Gegenüber dem Element Wasserstoff sind sie dreiwertig, sie haben die Oxydationszahl −3. In Stoffen sind die Elemente der V. Hauptgruppe meist durch Atombindungen an andere Atome chemisch gebunden. ① ② ③ ④ ⑤   (↗ S. 19)

▶ **Die Atome der Elemente Stickstoff, Phosphor, Arsen, Antimon und Wismut haben jeweils 5 Außenelektronen. Diese befinden sich entsprechend ihrer Energie auf unterschiedlichen Elektronenschalen.**

Unterschiede im Bau der Atome bedingen unterschiedliche Eigenschaften der Elemente. Besonders in den Stoffen, die aus den Elementen der V. Hauptgruppe bestehen, werden diese Unterschiede in den Eigenschaften deutlich.

Bau und Eigenschaften von Stoffen aus diesen Elementen. Gasförmiger, farb- und geruchloser **Stickstoff** ist ein Nichtmetall. Unter normalen Bedingungen reagiert er kaum mit anderen Stoffen. Deshalb wird Stickstoff als Schutzgas eingesetzt. In den zweiatomigen Stickstoffmolekülen liegen zwischen den Atomen sehr feste Atombindungen vor. **Phosphor** ist ein fester Stoff mit ebenfalls nichtmetallischen Eigenschaften. *Weißer* Phosphor reagiert mit Sauerstoff sehr heftig. In feinverteilter Form entzündet er sich an der Luft. Weißer Phosphor muß unter Luftabschluß aufbewahrt werden. Neben weißem Phosphor, einem gefährlichen Gift, gibt es noch *roten* und *schwarzen* Phosphor. Anders als Stickstoff besteht Phosphor aus vielatomigen Molekülen. Kristalle des Phosphors können denen des Graphits ähneln.

In der Natur kommen Salze der Phosphorsäure als Minerale vor. Zwei Fünftel des Weltvorrats an solchen Mineralen befinden sich in der Sowjetunion. Phosphorverbindungen sind für die Pflanzen und Tiere sowie für den Menschen lebensnotwendig. Die Samen und Früchte, auch Blut und Nervensubstanz, enthalten Phosphorverbindungen. Phosphorsäureester sind für die Energieübertragung bei Stoffwechselvorgängen entscheidend.

Von den Elementen **Arsen** und **Antimon** ist je eine deutlich unterscheidbare metallische und nichtmetallische Form der Stoffe bekannt. Arsen und Antimon gehören zu den Halbmetallen. Beide Elemente sind in einigen Mineralen und Erzen enthalten. Metallisches Arsen und Antimon sind als Legierungsbestandteile geschätzt. Ein Massenanteil von 12 % Antimon in einer Bleischmelze bewirkt, daß die entstehende Legierung die vierfache Härte gegenüber der Härte des Bleis erreicht.

Arsenverbindungen sind sehr giftig.

Wismut ist ein rötlichweiß glänzendes Metall. Es leitet jedoch im Vergleich zu vielen anderen Metallen elektrischen Strom und Wärme schlecht. Das seltene Element ist als Beimengung in einigen Blei- und Kupfererzen enthalten. Wird Wismut mit anderen Metallen verschmolzen, so entstehen Legierungen mit Schmelztemperaturen unter 100 °C für Weichlote und für Schmelzsicherungen in elektrischen Anlagen.

Die metallischen Eigenschaften der Stoffe treten innerhalb der V. Hauptgruppe mit steigender Ordnungszahl der Elemente immer ausgeprägter hervor (Übersicht 6). ⑥ ⑦

Übersicht 6 Einige Eigenschaften der Stoffe, die aus einem Element der V. Hauptgruppe bestehen

Stoff	Aggregatzustand bei 20 °C und 0,1 MPa	Metallische und nichtmetallische Eigenschaften	Saure und basische Eigenschaften der wäßrigen Lösungen von Oxiden
Stickstoff	gasförmig	nichtmetallisch	stark saure Lösung von Distickstoffpentoxid
Phosphor	fest	nichtmetallisch	saure Lösung von Phosphor(V)-oxid
Arsen	fest	metallisch/nichtmetallisch	saure Lösung von Arsen(V)-oxid
Antimon	fest	metallisch/nichtmetallisch	schwach saure Lösung von Antimon(V)-oxid
Wismut (Bismut)	fest	metallisch	basische Lösung von Wismut(V)-oxid

▶ **Die Stoffe aus den Elementen der V. Hauptgruppe weisen auf Grund ihres Baus neben gemeinsamen auch deutlich unterschiedliche Eigenschaften auf.**

① Erläutern Sie die für jedes Element im Periodensystem enthaltenen Angaben am Beispiel des Elements Phosphor!

② Ermitteln Sie die Elektronenverteilung für die Atome der Elemente der V. Hauptgruppe (↗ Periodensystem der Elemente in TW 7–10, S. 32 f.)!

③ Stellen Sie Gemeinsamkeiten und Unterschiede im Bau der Atome der Elemente der V. Hauptgruppe zusammen!

④ a) Weisen Sie an den Elementen der V. Hauptgruppe den Zusammenhang zwischen dem Bau der Atome und der Stellung der Elemente im Periodensystem nach!
b) Stellen Sie Beziehungen zwischen dem Bau der Atome und den Wertigkeiten der Elemente gegenüber den Elementen Sauerstoff und Wasserstoff sowie den jeweils höchsten und niedrigsten Oxydationszahlen der Elemente her!

⑤ Entwickeln Sie die Formeln der Stoffe, die jeweils außer einem Element der V. Hauptgruppe nur das Element Wasserstoff enthalten!

⑥ Weisen Sie an einem Beispiel nach, daß Unterschiede im Bau der Atome Unterschiede in den Eigenschaften der Stoffe bedingen, die aus diesen Elementen bestehen!

⑦ Begründen Sie die Zugehörigkeit von Stickstoff, Phosphor, Arsen, Antimon und Wismut zu einer Hauptgruppe des Periodensystems!
a) Stellen Sie in einer Tabelle Gemeinsamkeiten und Unterschiede des Atombaus und der Stellung der Elemente im Periodensystem sowie der Eigenschaften der Stoffe zusammen, die aus diesen Elementen bestehen!
b) Vergleichen Sie für die genannten Stoffe die molaren Massen, die Dichten (↗ TW 7–10), metallische und nichtmetallische Eigenschaften, saure und basische Eigenschaften der wäßrigen Lösungen der Oxide!

Stickstoff 9

▼ 9 Luft wird über glühendes Kupfer geleitet (Abb. 3). Das nach der chemischen Reaktion vorliegende Gas ist pneumatisch aufzufangen. Anschließend wird eine brennende Kerze in das Auffanggefäß getaucht.

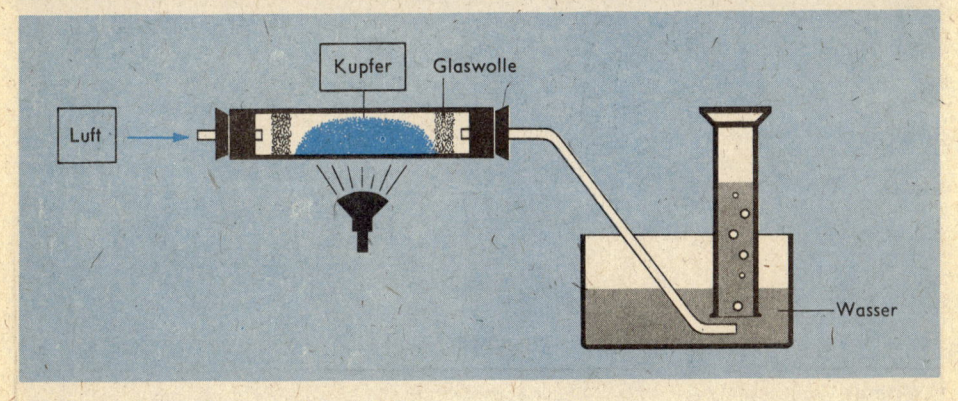

Abb. 3 Geräteanordnung zu Experiment 9

Stickstoff als Bestandteil der Luft. Auf jeden Quadratmeter der Erdoberfläche wirkt eine Masse von 7,5 t Stickstoff ein. Stickstoff ist Hauptbestandteil der Luft (Tab. 1).

Tabelle 1   Zusammensetzung der Luft

Stoff	Stickstoff	Sauerstoff	Edelgase	Kohlendioxid	Wasserstoff
Volumenanteil in %	78,09	20,95	0,92	0,03	0,00005

Darstellung. Aus der Luft wird der Stickstoff auf physikalischem oder chemischem Wege abgetrennt. Die physikalische Trennung des Stickstoffs von Sauerstoff beruht auf den unterschiedlichen Siedetemperaturen beider Stoffe. ①
Durch chemische Reaktion kann der Sauerstoff der Luft an einen anderen Stoff gebunden werden, der möglichst einfach aus dem Stoffgemisch zu entfernen ist. Der Sauerstoff der Luft wird in der Technik durch Kohlenstoff gebunden (↗ Vergasung der Kohle). ② ③
Im Labor ist Kupfer geeignet, bei dessen Oxydation der Sauerstoff der Luft dem Gasgemisch entzogen wird. Günstig für die Trennung von Stickstoff und Sauerstoff ist in diesem Fall das Entstehen eines festen Oxids (Experiment 9). Bei der Darstellung des Stickstoffs aus der Luft entsteht kein reiner Stickstoff. Für die Darstellung von chemisch reinem Stickstoff müssen Stickstoffverbindungen als Ausgangsstoffe gewählt werden.
④ ⑤

Bau und Eigenschaften. Stickstoff ist ein farbloses und geruchloses Gas. Unter den Bedingungen des Normzustands (0 °C; 0,101 MPa) hat Stickstoff eine Dichte von $1{,}25\,\frac{g}{l}$. Er brennt nicht und unterhält auch die Verbrennung nicht (Experiment 9). ⑥ ⑦
Im gasförmigen Aggregatzustand ist Stickstoff aus zweiatomigen Molekülen aufgebaut, in denen Atombindung vorliegt. Diese Atombindung wird durch drei gemeinsame Elektronenpaare gebildet (Abb. 4). Die Dreifachbindung im Stickstoffmolekül ist sehr fest, zur Aufspaltung dieser chemischen Bindung wird beträchtliche Energie benötigt. Damit ist auch zu erklären, daß Stickstoff bei den meisten chemischen Reaktionen mit Luft unverändert bleibt, also nicht an der chemischen Reaktion beteiligt ist. ⑧

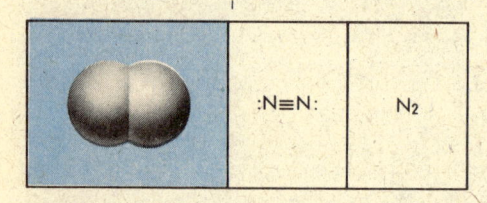

:N≡N: N_2

Abb. 4
Modell und Formeln des Stickstoffmoleküls

▶ **Stickstoff ist ein farbloses, geruchloses, nicht brennbares Gas mit etwas geringerer Dichte als Luft. Er ist aus Luft darstellbar. Im gasförmigen Stickstoff liegen zweiatomige Moleküle vor.**

Ammoniak 10

▼10
Vorsicht! Implosionsgefahr! Ein mit Ammoniak gefüllter trockener Rundkolben wird über ein zur Düse gezogenes Glasrohr mit einem zweiten Rundkolben verbunden (Abb. 5). In diesem unteren Rundkolben befindet sich Wasser, das mit einigen Tropfen einer Indikatorlösung versetzt wurde. Die ersten Wassertropfen können mittels Gummidoppelgebläse in den oberen Rundkolben gedrückt werden.

①* Ermitteln Sie die Siedetemperaturen für Stickstoff und Sauerstoff (↗ TW 7–10)! Stellen Sie die Werte gegenüber! Überlegen Sie, wie die beiden Gase auf physikalischem Wege voneinander getrennt werden können! (Denken Sie dabei an die Aufbereitung des Erdöls!)

② Entwickeln Sie die chemischen Gleichungen für die chemische Reaktion von glühendem Koks mit Luft! Beachten Sie, daß das Stoffmengenverhältnis von Sauerstoff zu Stickstoff in der Luft 1 : 4 beträgt! Berücksichtigen Sie die chemische Reaktion des entstehenden Kohlendioxids mit Kohlenstoff!

③* Wie können die bei der chemischen Reaktion von Kohlenstoff mit Luft als Reaktionsprodukte entstehenden Oxide des Kohlenstoffs aus dem Gasgemisch abgetrennt werden (↗ ChiÜb)?

④ Berechnen Sie die Masse an Kupfer, die mindestens reagieren muß, wenn ein Volumen von 200 ml Stickstoff aus Luft dargestellt werden soll!

⑤ Erläutern Sie, warum bei der Darstellung von Stickstoff aus Luft kein chemisch reiner Stickstoff entsteht!

⑥* Die Dichte von Stickstoff können Sie berechnen. Wie müßten Sie vorgehen (↗ TW 7–10, S. 63)?

⑦ Vergleichen Sie Eigenschaften von Stickstoff und Sauerstoff! Geben Sie die unterschiedlichen Eigenschaften an!

⑧ Beschreiben Sie die chemische Bindung im Stickstoffmolekül!

11 ▼ **Vorsicht!** Aus einer wäßrigen Ammoniaklösung ist das Gas durch Erwärmen der Lösung auszutreiben und auf seinen Geruch und seine Farbe zu prüfen.

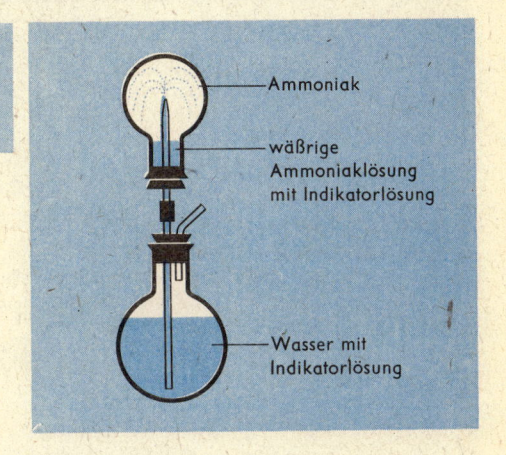

Abb. 5 Geräteanordnung zu Experiment 10

Vorkommen und Eigenschaften. Ammoniak NH_3 ist einer der wichtigsten anorganischen Stoffe, die das Element Stickstoff enthalten. Es ist Ausgangsstoff für die Herstellung fast aller anderen, das Element Stickstoff enthaltenden Stoffe, so von Salpetersäure und Stickstoffdüngemitteln. Bei der Zersetzung vieler stickstoffhaltiger organischer Stoffe, bei der Fäulnis von tierischen und pflanzlichen Stoffen entsteht Ammoniak, das an seinem charakteristischen, stechenden, zu Tränen reizenden Geruch erkennbar ist. Es ist ein farbloses Gas, das auch bei der Verkokung der Kohle entsteht. Seine Dichte ist wesentlich geringer als die der Luft.
Ammoniak hat eine Siedetemperatur von —33,5 °C. Unterhalb dieser Temperatur ist es bei einem Druck von 0,1 MPa eine leichtbewegliche Flüssigkeit. Auch oberhalb der Siedetemperatur läßt sich Ammoniak verflüssigen, wenn erhöhter Druck angewendet wird, zum Beispiel 0,9 MPa bei 20 °C.
In Wasser löst sich Ammoniak sehr gut (Experiment 10). Bei 20 °C lösen 100 g Wasser 53 g Ammoniak. Dieser Masse des Gases entspricht bei 20 °C ein Volumen von etwa 75 l Ammoniak. Seine Löslichkeit sinkt mit steigender Temperatur, beim Erwärmen einer wäßrigen Ammoniaklösung entweicht das Gas aus ihr (Experiment 11).

Ammoniak läßt sich an der Luft entzünden; Ammoniak-Luft-Gemische sind explosiv bei einem Volumenanteil von etwa 20% Ammoniak. Das Gas wirkt gesundheitsschädigend, es verursacht auf der Haut brennende Schmerzen und Verätzungen. Das Einatmen von Ammoniak ist gefährlich. Deshalb dürfen nach gesetzlichen Bestimmungen an Arbeitsplätzen nur maximal 50 mg Ammoniak je Kubikmeter Luft vorhanden sein. ① ② ③

▶ **Ammoniak ist ein farbloses, stechend riechendes Gas, das eine geringere Dichte als Luft hat, sich leicht verflüssigen läßt und gut in Wasser löslich ist.**

Bau. Gasförmiges Ammoniak ist aus Molekülen aufgebaut. Zwischen den Stickstoff- und den Wasserstoffatomen besteht polare Atombindung. Zwei Außenelektronen des Stickstoffatoms sind nicht an der chemischen Bindung beteiligt (Abb. 6). ④ ⑤

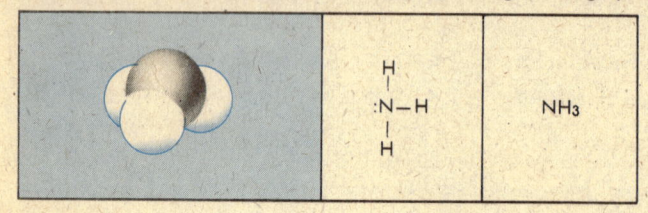

Abb. 6 Modell und Formeln des Ammoniakmoleküls

▶ **Gasförmiges Ammoniak ist aus Molekülen aufgebaut, in denen polare Atombindungen vorliegen.**

Reaktion mit Protonenübergang – Bildung von Ammonium-Ionen **11**

Eine wäßrige Ammoniaklösung wird mit Unitest- oder Lackmus-Indikator geprüft.
Vorsicht! Ein Glasstab wird mit konzentrierter Chlorwasserstoffsäure angefeuchtet und über eine konzentrierte wäßrige Ammoniaklösung gehalten.

Chemische Reaktion von Ammoniak mit Wasser. Die wäßrige Lösung von Ammoniak bewirkt einen Farbumschlag des Indikators, wie er von basischen Lösungen bekannt ist (Experiment 10 und 12).

Wie ist diese Erscheinung zu erklären?

Auch in diesem Fall zeigt der Indikator Hydroxid-Ionen in der Lösung an. Die Hydroxid-Ionen entstehen durch chemische Reaktion des Ammoniaks mit Wasser. Dabei bindet jeweils ein Ammoniakmolekül an seinem freien Elektronenpaar ein Wasserstoff-Ion, das aus einem Wassermolekül abgespalten wird. Einfach elektrisch positiv geladene Wasserstoff-Ionen, die Protonen, werden durch die Ammoniakmoleküle gebunden. Aus Ammoniakmolekülen entstehen dabei einfach elektrisch positiv geladene **Ammonium-Ionen** NH_4^+. Bei der chemischen Reaktion findet zwischen den Teilchen der Ausgangsstoffe ein **Protonenübergang** statt. ⑥ ⑦ ⑧ ⑨

$H_2O \longrightarrow H^+ + OH^-$ **Protonenabgabe**
$NH_3 + H^+ \longrightarrow NH_4^+$ **Protonenaufnahme**
$NH_3 + H_2O \longrightarrow NH_4^+ + OH^-$ **Protonenübergang**

① a) Ermitteln Sie die Dichte von gasförmigem Ammoniak! b) Wie ist ein Standzylinder zu halten, in dem Ammoniak durch Luftverdrängung aufgefangen werden soll?
② Begründen Sie, warum es zweckmäßig ist, Ammoniak durch Luftverdrängung aufzufangen!
③ Erläutern Sie den Unterschied zwischen flüssigem Ammoniak und wäßriger Ammoniaklösung!
④ Beschreiben Sie die chemische Bindung im Ammoniakmolekül!
⑤ Ermitteln Sie die Oxydationszahl des Elements Stickstoff im Ammoniak!
⑥ Erklären Sie, weshalb eine wäßrige Ammoniaklösung basisch ist!
⑦ In welchen Lösungen ändert der Indikator Unitest seine Farbe nach blau?
⑧ Erklären Sie die Farbänderung des Indikators Unitest in einer wäßrigen Ammoniaklösung!
⑨ Begründen Sie, weshalb Wasserstoff-Ionen als Protonen aufgefaßt werden können!
⑩ Erklären Sie, warum eine wäßrige Ammoniaklösung den elektrischen Strom leitet!

In einer wäßrigen Ammoniaklösung liegen alle an der chemischen Reaktion beteiligten Teilchen gleichzeitig nebeneinander vor: Ammoniakmoleküle, Wassermoleküle, Ammonium-Ionen und Hydroxid-Ionen. Aus Ammonium-Ionen und Hydroxid-Ionen können deshalb wieder Ammoniakmoleküle und Wassermoleküle entstehen. Dabei findet ebenfalls ein Protonenübergang statt; die Ammonium-Ionen geben Protonen ab, die Hydroxid-Ionen nehmen Protonen auf:

$$NH_4^+ + OH^- \longrightarrow NH_3 + H_2O \quad \textbf{Protonenübergang}$$

Die chemische Reaktion zwischen Ammoniak und Wasser ist eine umkehrbare chemische Reaktion, bei der sich ein chemisches Gleichgewicht einstellt. ⑩

$$NH_3 + H_2O \rightleftarrows NH_4^+ + OH^-$$

Bei der Hinreaktion und bei der Rückreaktion findet ein Protonenübergang statt.

▶ **Ammonium-Ionen NH_4^+ sind einfach elektrisch positiv geladene Ionen. Sie können durch Anlagerung eines Wasserstoff-Ions, eines Protons, an ein Ammoniakmolekül entstehen.**

Chemische Reaktion von Ammoniak mit Chlorwasserstoff. Zum Nachweis der Gase Ammoniak oder Chlorwasserstoff wird die chemische Reaktion zwischen den beiden Stoffen genutzt (Experiment 13). Das Reaktionsprodukt Ammoniumchlorid entsteht als weißer Rauch. Auch bei dieser chemischen Reaktion tritt ein Protonenübergang auf.

$$NH_3 + HCl \longrightarrow NH_4^+Cl^-$$

① ② ↗ S. 25

Reaktionen mit Protonenübergang. Bei der chemischen Reaktion zwischen Ammoniak und verdünnter Chlorwasserstoffsäure tritt ein Protonenübergang auf. In der wäßrigen Lösung werden Wasserstoff-Ionen (Protonen) von den Ammoniakmolekülen aufgenommen, die entstehenden Ammonium-Ionen können Protonen wieder an Chlorid-Ionen abgeben.

$$NH_3 + H^+ + Cl^- \rightleftarrows NH_4^+ + Cl^-$$

verdünnte Chlorwasserstoffsäure ⟶ Lösung von Ammoniumchlorid

Sowohl zwischen den Teilchen der Ausgangsstoffe als auch zwischen den Teilchen des Reaktionsprodukts findet ein Protonenübergang statt. Solche chemischen Reaktionen, die durch einen Protonenübergang zwischen den Teilchen der reagierenden Stoffe gekennzeichnet sind, werden als **Reaktionen mit Protonenübergang** zu einer Art chemischer Reaktionen zusammengefaßt.

▶ **Eine Reaktion mit Protonenübergang findet statt, wenn die Teilchen eines an der chemischen Reaktion beteiligten Stoffes Protonen aufnehmen, die von den Teilchen eines anderen beteiligten Stoffes abgegeben werden.**

Ammoniumsalze 12

14 ▼
Ammoniumchlorid ist mit Natriumhydroxidlösung zu versetzen. Das entweichende Gas wird mit angefeuchtetem Unitest-Indikatorpapier geprüft (Abb. 7, ↗ Ch–SE 9/10, Experiment 10, S. 21).

15 ▼
Ammoniumchlorid wird erhitzt (Abb. 8). Die Farbänderungen des Indikatorpapiers sind zu beobachten.

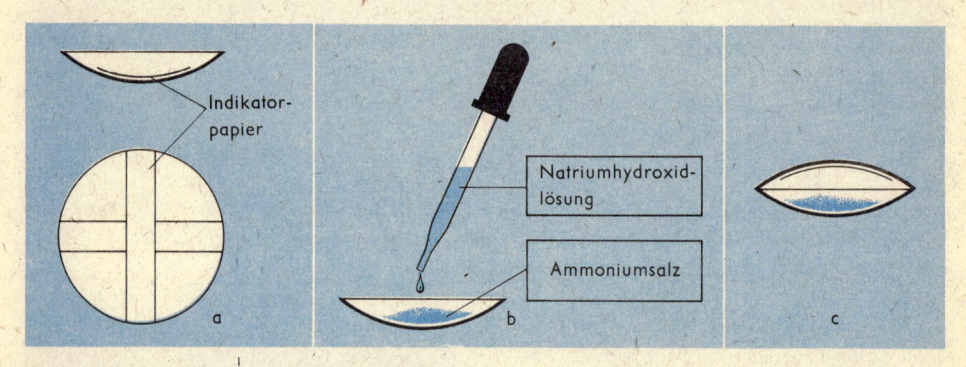

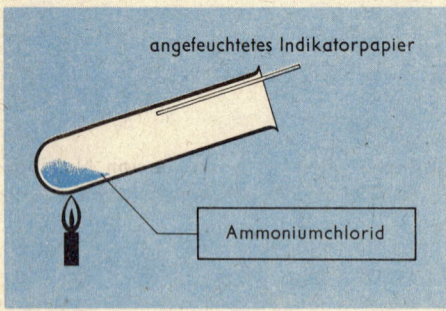

Abb. 7 Experimentierhandlungen beim Nachweisen von Ammonium-Ionen: a) Angefeuchtetes Indikatorpapier kreuzweise oberhalb und unterhalb eines Uhrglases anbringen, b) Versetzen eines Ammoniumsalzes mit konzentrierter Natriumhydroxidlösung, c) Abdecken der Stoffprobe mit dem vorbereiteten Uhrglas

Abb. 8 Geräteanordnung zu Experiment 15

① Erläutern Sie die Abgabe und Aufnahme von Protonen zwischen den Teilchen der Ausgangsstoffe Ammoniak und Chlorwasserstoff bei der chemischen Reaktion zwischen diesen Stoffen!

② Je ein Standzylinder wird mit 100 ml Ammoniak und 100 ml Chlorwasserstoff gefüllt und mit einer Deckplatte abgedeckt. Die beiden Gase sollen anschließend miteinander reagieren.
a) Wie ist die chemische Reaktion zweckmäßig durchzuführen? Beachten Sie, daß sich die beiden Gase hinsichtlich ihrer Dichte unterscheiden!
b) Nennen Sie zu erwartende Beobachtungen bei der chemischen Reaktion!
c) Berechnen Sie die Masse des Reaktionsprodukts, das aus dem angegebenen Volumen an Ammoniak (Normzustand) entsteht!

③ Bei der chemischen Reaktion von Ammoniak mit Säuren oder Säurelösungen entstehen Ammoniumsalze oder deren Lösungen. Entwickeln Sie chemische Gleichungen für die Reaktion von Ammoniak mit
a) Schwefelsäure, b) Salpetersäure!

④ Ammoniumsulfat ist ein wichtiges Düngemittel. Welches Volumen Ammoniak muß zur Herstellung von 1 t Ammoniumsulfat umgesetzt werden? Gehen Sie bei der Berechnung vereinfacht von einer chemischen Reaktion zwischen Ammoniak und Schwefelsäure aus, obgleich in der Technik Kalziumsulfat eingesetzt wird!

⑤ Berechnen Sie das Massenverhältnis zwischen Ammoniumkarbonat und Kalziumsulfat, das bei der Herstellung von Ammoniumsulfat in den Rührkesseln eingehalten werden muß!

$(NH_4)_2CO_3 + CaSO_4 \longrightarrow (NH_4)_2SO_4 + CaCO_3$

⑥ Erweitern Sie die Definition der Salze so, daß die Definition auch die Klasse der Ammoniumsalze erfaßt!

⑦* Vergleichen Sie den Nachweis von Ammonium-Ionen mit dem Nachweis von Karbonat-Ionen!

Kennzeichnung und Bau. Die **Ammoniumsalze** sind kristalline Stoffe, sie liegen als Ionenkristalle vor. Sie sind aus einfach elektrisch positiv geladenen Ammonium-Ionen und aus elektrisch negativ geladenen Säurerest-Ionen aufgebaut. Im Ionenkristall sind die entgegengesetzt geladenen Ionen durch Ionenbeziehung gebunden.
Ammoniumchlorid NH_4Cl, Ammoniumsulfat $(NH_4)_2SO_4$ und Ammoniumnitrat NH_4NO_3 sind Ammoniumsalze, die in Stickstoffdüngemitteln und in mineralischen Mischdüngern enthalten sind. Die Ammoniumsalze sind leicht in Wasser löslich. Dabei dissoziieren sie.

■ $NH_4Cl \rightleftharpoons NH_4^+ + Cl^-$ ③ ④ ⑤ ⑥

▶ **Ammoniumsalze sind Stoffe, deren wäßrige Lösungen frei bewegliche einfach elektrisch positiv geladene Ammonium-Ionen und elektrisch negativ geladene Säurerest-Ionen enthalten.**

Nachweis der Ammonium-Ionen. Wirkt auf ein Ammoniumsalz konzentrierte Natriumhydroxidlösung ein, entweicht gasförmiges Ammoniak. Diese Reaktion wird zum **Nachweis von Ammonium-Ionen** genutzt (Experiment 14). ⑦

■ $NH_4^+ + Cl^- + Na^+ + OH^- \rightleftharpoons NH_3 + H_2O + Na^+ + Cl^-$
Chemische Gleichung in verkürzter Ionenschreibweise:
$NH_4^+ + OH^- \rightleftharpoons NH_3 + H_2O$

Die Erhöhung der Konzentration an Hydroxid-Ionen durch die Zugabe von Natriumhydroxidlösung bewirkt eine Beeinflussung der bereits bekannten umkehrbaren chemischen Reaktion

$NH_3 + H_2O \rightleftharpoons NH_4^+ + OH^-$

zugunsten einer verstärkten Bildung von Ammoniak und Wasser.

▶ **Nachweis von Ammonium-Ionen:**
Bei Zugabe einer konzentrierten Hydroxidlösung zu einer Stoffprobe, die Ammonium-Ionen enthält, entsteht Ammoniak. Das Ammoniak ist erkennbar an seinem charakteristischen Geruch.

Thermische Zersetzung von Ammoniumsalzen. Beim Erhitzen werden Ammoniumsalze zersetzt, sie werden thermisch gespalten. Ein Reaktionsprodukt ist stets Ammoniak (Experiment 15). Auch bei dieser chemischen Reaktion findet ein Protonenübergang statt.

■ $NH_4^+Cl^- \longrightarrow NH_3 + HCl$

Diese Eigenschaft der Ammoniumsalze wird technisch genutzt. Lötstein zum Reinigen des kupfernen Lötkolbens besteht aus Ammoniumchlorid. Berührt man den Lötstein mit der heißen Spitze des Lötkolbens, so verschwindet deren oberflächliche Oxidschicht durch Reaktion mit Chlorwasserstoff; blankes Kupfer wird wieder sichtbar.

■ Ammoniumkarbonat $(NH_4)_2CO_3$ wird als Zusatz zu Backpulver verwendet. ①

Technische Herstellung und Verwendung des Ammoniaks

13

Verwendung des Ammoniaks

Gegenwärtig werden in der Welt jährlich mehr als 60 Mio t Ammoniak durch Synthese aus Stickstoff und Wasserstoff hergestellt. Der Hauptanteil wird direkt oder nach Umwandlung in Ammoniumsalze sowie in Nitrate und in Harnstoff zur Stickstoffdüngung verwendet (Abb. 9). Die Deutsche Demokratische Republik gehört zu den Ländern, die die landwirtschaftliche Nutzfläche ausreichend mit Stickstoffdüngemitteln versorgen. Viele Länder Afrikas und Südamerikas haben gegenwärtig nicht genügend Stickstoffdüngemittel zur Verfügung. Mit dem Export von Düngemittelfabriken und der internationalistischen Hilfe beim Aufbau der Produktion trägt die Deutsche Demokratische Republik wirksam zur wirtschaftlichen Entwicklung junger Nationalstaaten und zum Kampf gegen den Hunger in der Welt bei.
② ③ ④

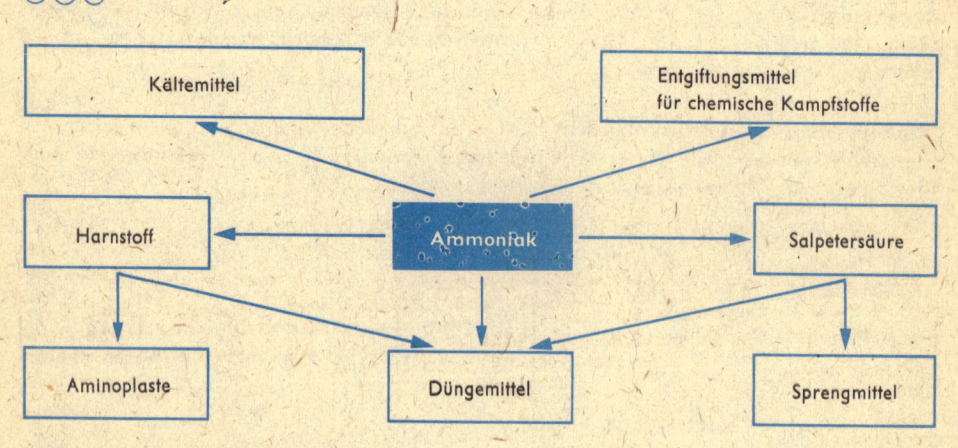

Abb. 9 Verwendung von Ammoniak

① Erklären Sie die chemischen Reaktionen
   a) beim Reinigen eines Lötkolbens mittels eines Lötsteins aus Ammoniumchlorid,
   b) bei der Verwendung des Ammoniumkarbonats als Backpulverzusatz!
② Erläutern Sie die Bedeutung der Stickstoffdüngemittel!
③ Erkunden Sie die Zusammensetzung eines handelsüblichen Stickstoffdüngemittels!
④ Nennen Sie Ursachen dafür, daß in Ländern Afrikas und Südamerikas auf landwirtschaftlichen Nutzflächen gegenwärtig nur unzureichend Düngemittel eingesetzt werden können!
⑤ Beurteilen Sie, ob es sich bei der Ammoniaksynthese aus Stickstoff und Wasserstoff um eine Redoxreaktion handelt!

Physikalisch-chemische Grundlagen der Ammoniaksynthese

16 **Vorsicht!** Ein Gemisch aus Wasserstoff und Stickstoff wird über einen erhitzten Katalysator geleitet. Die Farbänderung der Indikatorlösung ist zu beobachten (Abb. 10).

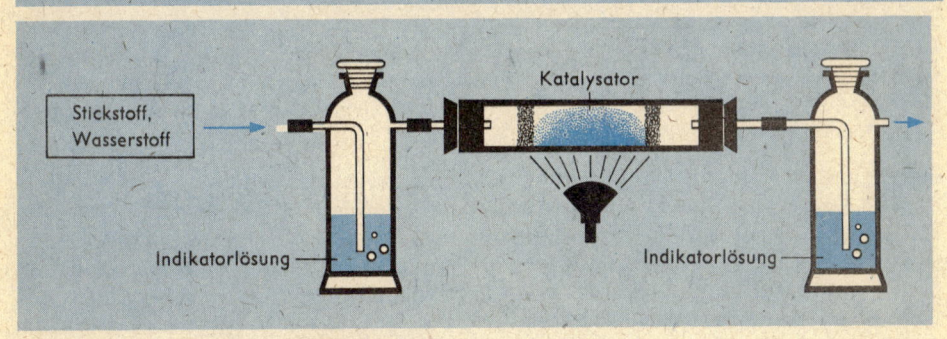

Abb. 10 Geräteanordnung zu Experiment 16

Stickstoff und Wasserstoff reagieren bei erhöhter Temperatur in Anwesenheit eines Katalysators miteinander zu Ammoniak (Experiment 16). ⑤

$$N_2 + 3\,H_2 \rightleftarrows 2\,NH_3; \quad Q = -92,4\ kJ$$

Bei der umkehrbaren chemischen Reaktion hängen die Konzentrationen der reagierenden Stoffe im chemischen Gleichgewicht von den gewählten Reaktionsbedingungen Druck und Temperatur ab (Tab. 2).

Tabelle 2 Volumenanteile des Ammoniaks bei verschiedenen Temperaturen und Drücken

Temperatur in °C	Druck in MPa				
	0,1	10	30	60	100
200	15,3	81,5	89,9	95,4	98,3
300	2,18	52,0	71,0	84,2	92,6
400	0,44	25,1	42,0	65,2	79,8
500	0,13	10,6	26,4	42,2	57,5
600	0,05	4,5	13,8	23,1	31,4
700	0,02	2,2	7,3	12,6	12,9

Bei hohem Druck und niedriger Temperatur ist die Ammoniakbildung begünstigt. Da chemische Reaktionen bei niedriger Temperatur jedoch eine geringe Reaktionsgeschwindigkeit haben, ist für die Verwirklichung der Ammoniaksynthese ein Katalysator notwendig, der bei relativ niedriger Temperatur wirksam ist. ① ② ③ ④

▶ **Die umkehrbare chemische Reaktion zwischen Stickstoff und Wasserstoff in Anwesenheit eines Katalysators ist die Grundlage für die Herstellung von Ammoniak.**

Technische Durchführung der Ammoniaksynthese

Ökonomische Gesichtspunkte. Eine wirtschaftlich vorteilhafte Prozeßführung bei der Synthese von Ammoniak aus Stickstoff und Wasserstoff ist

- auf die Produktion eines möglichst großen Anteils an gewünschtem Reaktionsprodukt Ammoniak,
- auf eine geringe Produktionszeit und
- auf günstige Produktionskosten gerichtet.

Durch gezielte Wahl der Reaktionsbedingungen und durch den Einsatz von Katalysatoren kann die Reaktionsgeschwindigkeit und damit zusammenhängend die Produktionszeit für die technische Herstellung des Ammoniaks beeinflußt werden. Die Produktionskosten sind bei diesem chemisch-technischen Verfahren wesentlich von der Herstellung der Ausgangsstoffe Stickstoff und Wasserstoff sowie von der Kapazität der Anlage abhängig.

Festlegung der Reaktionsbedingungen. Um einen großen Anteil an Ammoniak zu erzielen, ist die Anwendung eines hohen Drucks erforderlich. Der gewählte Druck für das chemisch-technische Verfahren beeinflußt entscheidend die Kosten für die Anlage, vor allem wegen der notwendigen Anforderungen an die Festigkeit des Reaktormaterials. Daraus ergibt sich, daß der Druck nicht beliebig gesteigert werden kann. Durch den Einsatz von Kompressoren sind gegenwärtig bei der Ammoniaksynthese Drücke um 35 MPa üblich. Die Temperatur müßte wegen des exothermen Verlaufs der Ammoniakbildung möglichst niedrig sein, was sich jedoch ungünstig auf die Reaktionsgeschwindigkeit auswirken würde. Der eingesetzte eisenoxidhaltige Mischkatalysator führt in etwa 100 s zur Einstellung des chemischen Gleichgewichts. Er ist jedoch erst bei einer Temperatur um 500 °C voll wirksam. Damit ist gleichzeitig die Reaktionstemperatur festgelegt.

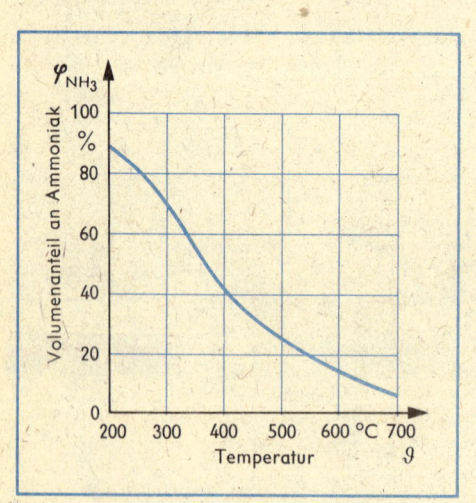

Unter diesen Reaktionsbedingungen wird theoretisch höchstens ein Volumenanteil an gewünschtem Reaktionsprodukt Ammoniak von etwa 28 % erreicht. In der Praxis liegt dieser Volumenanteil mit etwa 20 % noch darunter (Abb. 11).

Abb. 11 Volumenanteil an Ammoniak im Gasgemisch bei verschiedenen Temperaturen und einem Druck von 30 MPa

① Erläutern Sie die Einstellung eines chemischen Gleichgewichts bei der umkehrbaren chemischen Reaktion
$N_2 + 3H_2 \rightleftarrows 2NH_3$!

② Begründen Sie die Aussage über die Temperatur- und Druckabhängigkeit des chemischen Gleichgewichts bei der umkehrbaren chemischen Reaktion
$N_2 + 3H_2 \rightleftarrows 2NH_3$; $Q = -92,4$ kJ!
Entnehmen Sie die entsprechenden Angaben der chemischen Gleichung!

③ Erläutern Sie die Wirkung eines Katalysators auf die Bildung und den Zerfall von Ammoniak! Beziehen Sie in Ihre Antwort die Information ein, daß die chemische Reaktion eine relativ hohe Aktivierungsenergie hat. Sie beträgt etwa 230 kJ, bezogen auf 1 mol Ammoniak!

④ Leiten Sie die theoretisch günstigsten Bedingungen für die Durchführung der Ammoniaksynthese her (↗ Tab. 2, S. 27)!

Reaktionsapparat. Die Synthese wird in Hochdruckapparaten durchgeführt. Es sind senkrecht stehende Reaktoren, die aus einem Hochdruckmantel aus Stahl und dem Reaktoreinsatz mit dem Eisenoxidkontakt und dem Wärmeaustauscher bestehen (Abb. 12 und 13). Die Größe der Reaktionsapparate für die Ammoniaksynthese hat sich in den letzten 50 Jahren vervierfacht. Eine Höhe von über 60 m und ein Durchmesser von mehr als 2 m sind gegenwärtig bei solchen Reaktionsapparaten nicht selten. Auch im VEB Kombinat Agrochemie Piesteritz gibt es eine Anlage mit einer Tagesleistung von etwa 1 300 t Ammoniak. Bei solchen Anlagen ist eine intensive Nutzung des Reaktorraums möglich. Die Produktionskosten sinken beim Einsatz einer solchen Großanlage um ein Drittel. Der Automatisierungsgrad liegt bei Anlagen dieser Größe heute schon bei etwa 90 %.

Arbeitsprinzipien. Ein ökonomisch günstiger Umsatz der Ausgangsstoffe Stickstoff und

Abb. 12 Montage eines Reaktionsapparats für die Ammoniaksynthese

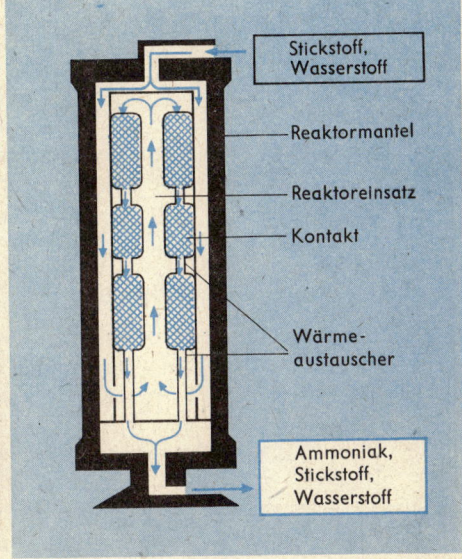

Abb. 13 Schematische Darstellung eines Reaktionsapparats für die Ammoniaksynthese (Schnittzeichnung)

Wasserstoff ist mit einem Eisenoxid-Kontakt sowie einer optimalen Temperaturführung möglich. Die Anlage arbeitet *kontinuierlich*. Das Gasgemisch aus Stickstoff und Wasserstoff tritt am Kopf des Reaktionsapparates ein und strömt zwischen dem Hochdruckmantel aus Stahl und dem Reaktoreinsatz nach unten. Dabei nimmt das zugeführte Gasgemisch die bei der chemischen Reaktion abgegebene Wärme im Gegenstrom auf. Es strömt vorgewärmt an den Katalysatorschichten vorbei, in denen die chemische Reaktion zwischen Stickstoff und Wasserstoff abläuft, erhitzt sich dabei weiter und wird schließlich durch die Katalysatorschichten hindurch nach unten geleitet. Die Temperatur des Gasgemischs wird durch *Wärmeaustausch* reguliert. Das aus dem Reaktionsapparat austretende Gasgemisch von Ammoniak, Stickstoff und Wasserstoff besteht zu etwa vier Fünfteln aus nicht umgesetzten Ausgangsstoffen. Für die Rentabilität des chemisch-technischen Verfahrens ist aber ein möglichst vollständiger Umsatz der Ausgangsstoffe nötig. Ammoniak wird durch Verflüssigung aus dem Gasgemisch entfernt. Die nichtumgesetzten Ausgangsstoffe werden mit kontinuierlich zuströmendem Synthesegas angereichert und dem Reaktionsapparat erneut zugeführt. Diese Stoffführung bezeichnet man als *Kreislaufprinzip* (Abb. 14). Damit gelingt es, die Ausgangsstoffe nahezu verlustlos umzusetzen und sie ökonomisch optimal zu nutzen. ① ②

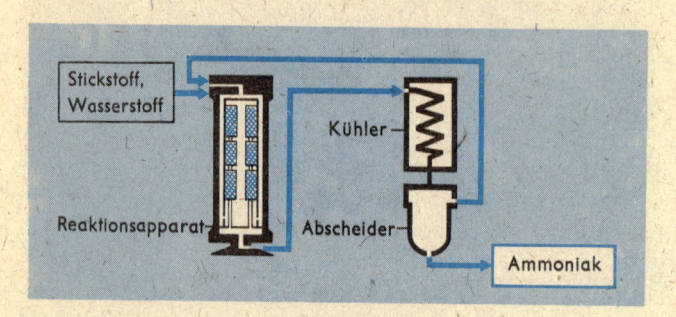

Abb. 14 Kreislaufprinzip bei der Ammoniaksynthese

▶ **Technische Durchführung der Ammoniaksynthese:**
Ausgangsstoffe: Stickstoff, Wasserstoff
Chemische Reaktion: $N_2 + 3H_2 \xrightarrow{Kat.} 2NH_3$; $Q = -92{,}4\ kJ$
Reaktionsbedingungen: 450 ··· 550 °C; 30 ··· 35 MPa
Reaktionsapparat: Ammoniak-Kontaktapparat als Hochdruckapparat
Arbeitsprinzipien: kontinuierliche Arbeitsweise, Wärmeaustausch durch Gegenstrom, Kreislaufprinzip

Zur Entwicklung der Leuna-Werke

Mitten im ersten Weltkrieg wurde 1917 in nur einem Jahr ein zweites Werk zur Produktion von Ammoniak in Deutschland errichtet. Der Inhalt der Kesselwagen, die die neu errichtete Ammoniakfabrik in Leuna, bei Merseburg, verließen, wurde ausschließlich zur Sprengstoffherstellung verwendet. Da die Vorräte an importierten, in der Natur vorkommenden Stickstoffverbindungen in Deutschland zu Ende gingen, interessierten sich Kreise des deutschen Imperialismus und Militarismus nachdrücklich für die Ammoniaksynthese, um weiter Sprengstoffe herstellen zu können.
Die Geschichte der Ammoniaksynthese ist eng mit der Entwicklung der Leuna-Werke verbunden. Die hervorragenden wissenschaftlich-technischen Leistungen bei der Entwicklung einer der bedeutendsten Synthesen der chemischen Großindustrie wurden in den Dienst des Krieges gestellt.
Die technische Herstellung von Ammoniak aus Stickstoff und Wasserstoff wurde durch

① Erläutern Sie die technische Durchführung der Ammoniaksynthese unter ökonomischem Gesichtspunkt!

② Erläutern Sie den Bau und die Arbeitsweise des Ammoniak-Kontaktapparats (↗ Abb. 12 und 13, S. 29).

die Arbeiten der deutschen Chemiker *Fritz Haber* (Abb. 15), *Carl Bosch* (Abb. 16) und *Alwin Mittasch* ermöglicht. *Fritz Haber* erforschte die chemische Reaktion zwischen Stickstoff und Wasserstoff. Seine Forschungsergebnisse sicherte sich die Badische Anilin- und Sodafabrik (BASF), ein Stammbetrieb des später gegründeten IG-Farben-Konzerns. *Carl Bosch* und seine Mitarbeiter in der BASF in Ludwigshafen entwickelten die großtechnischen Anlagen für die Ammoniakproduktion. Durch die konstruktive Lösung der technischen Probleme wurde die Ammoniaksynthese zum Ausgangspunkt für alle Hochdruck-Verfahren. In aufwendigen und langwierigen Untersuchungen fand *Alwin Mittasch* den geeigneten Katalysator für die großtechnische Synthese. Im Jahre 1913 wurde bei Ludwigshafen die erste Ammoniakfabrik in Betrieb genommen. Die hervorragenden Leistungen von *Haber* und *Bosch* bei der Entwicklung der Ammoniaksynthese wurden mit dem Nobelpreis gewürdigt. An der Nutzung der gewonnenen Erkenntnisse für die Profitinteressen des Monopolkapitals bis zum Krieg und Völkermord waren beide Wissenschaftler nicht unschuldig. Sie wurden ihrer Verantwortung als Wissenschaftler, sich für die Nutzung der Erkenntnisse im Interesse der Völker und des Friedens einzusetzen, nicht gerecht.

In den Jahren nach dem ersten Weltkrieg stieg die Ammoniakproduktion in den Leuna-Werken rasch an. Der 1925 gegründete IG-Farben-Konzern wurde zum wichtigen Exporteur für Stickstoffdüngemittel und erzielte dabei große Profite.

Mitte der dreißiger Jahre sank die Düngemittelproduktion; Ammoniak wurde zur Vorbereitung des zweiten Weltkrieges wieder vorwiegend für die Sprengmittelherstellung verwendet.

Dem Kampf der deutschen Arbeiterklasse gegen das Monopolkapital schlossen sich auch die Arbeiter der Leuna-Werke an. Streikaktionen 1916 und 1917 gegen den Krieg, im Jahre 1921 die Märzkämpfe der mitteldeutschen Arbeiter gegen die erstarkende Reaktion, der bewaffnete Kampf gegen Polizei- und Reichswehrverbände sowie die Organisierung des Widerstands gegen Faschismus und Krieg in den Jahren 1942 ··· 1944 sind Beispiele für diesen Kampf (Abb. 17). Als Rüstungsbetrieb gingen die durch anglo-amerikanische Luftangriffe zu 80% zerstörten Leuna-Werke 1945 in sowjetisches Eigentum über. Mühsam und

Abb. 15
Fritz Haber
(1868 bis 1934)

Abb. 16
Carl Bosch
(1874 bis 1940)

31

Abb. 17 Märzkämpfe 1921

unter großen Schwierigkeiten erfolgte der Wiederaufbau des Werkes. Bis zum Ende des Jahres 1945 wurden bereits wieder 10 000 t Ammoniumsulfat hergestellt. Da die Entwicklung unseres Staates die friedliche Nutzung der Produktion gewährleistete, übergab die Regierung der Sowjetunion im Jahre 1954 die Leunawerke „Walter Ulbricht" der Deutschen Demokratischen Republik. ① ②
Heute gehört der VEB Leuna-Werke „Walter Ulbricht" mit 30 000 Werktätigen zu den wichtigsten Kombinaten unserer chemischen Industrie. Arbeiter, Ingenieure, Chemiker und Angestellte ringen um ein hohes Entwicklungstempo der Produktion. Etwa 400 verschiedene Produkte und eine jährliche Warenproduktion im Wert von 8 Milliarden Mark zeugen von den hohen Leistungen der Werktätigen.
Ein bedeutender Produktionszuwachs wird durch einen höheren Veredlungsgrad der eingesetzten Rohstoffe angestrebt. Der Einsatz der Mikroelektronik führt zu einer Steigerung der Arbeitsproduktivität. Durch wissenschaftlich-technischen Fortschritt und internationale ökonomische Kooperation wurde die Produktion in den Leuna-Werken kontinuierlich weiterentwickelt.
Der neben Stickstoff für die Ammoniaksynthese benötigte Wasserstoff wird aus Erdöl, Erdgas und durch Vergasung von Braunkohle gewonnen. Durch die Erdgaslieferungen aus der Sowjetunion sowie durch verstärkte Anwendung neuer Verfahren zur Braunkohlenvergasung ist es möglich, den Einsatz von Erdöl schrittweise abzubauen. ③

Stickstoffmonoxid und Stickstoffdioxid 14

▼ 17

Vorsicht! Ammoniak wird im Gemisch mit Luft über einen erhitzten Katalysator aus Mangan(IV)-oxid geleitet. Die Farbe des entstehenden Gases und die Farbänderung des angefeuchteten Indikatorpapiers sind zu beobachten (Abb. 18).

Oxide des Stickstoffs. Obgleich die Gase Stickstoff und Sauerstoff in der atmosphärischen Luft nebeneinander vorliegen, bilden sich aus ihnen keine Oxide des Stickstoffs. Bei Blitzschlag hingegen oder beim Durchleiten von Luft durch einen elektrischen Lichtbogen vereinigen sich Stickstoff und Sauerstoff zu **Stickstoffmonoxid** NO. ④
Wirkt beim Ätzen des Metalls Kupfer konzentrierte Salpetersäure auf das Metall ein, ent-

① Würdigen Sie die historischen Verdienste der Arbeiter der Leuna-Werke für eine fortschrittliche Entwicklung in Deutschland! Nutzen Sie Ihre Kenntnisse aus dem Geschichtsunterricht über die Zeit nach der Novemberrevolution in Deutschland!

② Belegen Sie an der Geschichte der Ammoniaksynthese und der mit ihr verbundenen Entwicklung der Leuna-Werke das Profitstreben des deutschen Monopolkapitals!

③ Erläutern Sie wichtige Etappen der Entwicklung der Leuna-Werke vom kapitalistischen Konzernbetrieb zum sozialistischen Großbetrieb der chemischen Industrie!

④ Stellen Sie eine Vermutung auf, warum sich Stickstoff und Sauerstoff im elektrischen Lichtbogen zu Stickstoffmonoxid verbinden, unter normalen Bedingungen hingegen nicht!

⑤ Entwickeln Sie die Formeln der Oxide des Stickstoffs, in denen das Element Stickstoff Oxydationszahlen von +1 bis +5 aufweist! Benennen Sie die Stoffe!

⑥ Erläutern Sie die Wirkung des Katalysators auf die Reaktion zwischen Ammoniak und Sauerstoff!

⑦ Erklären Sie, warum der Katalysator bei der katalytischen Oxydation von Ammoniak nach anfänglichem Erhitzen weiterglüht, auch wenn der Brenner entfernt wird (↗ Experiment 17)!

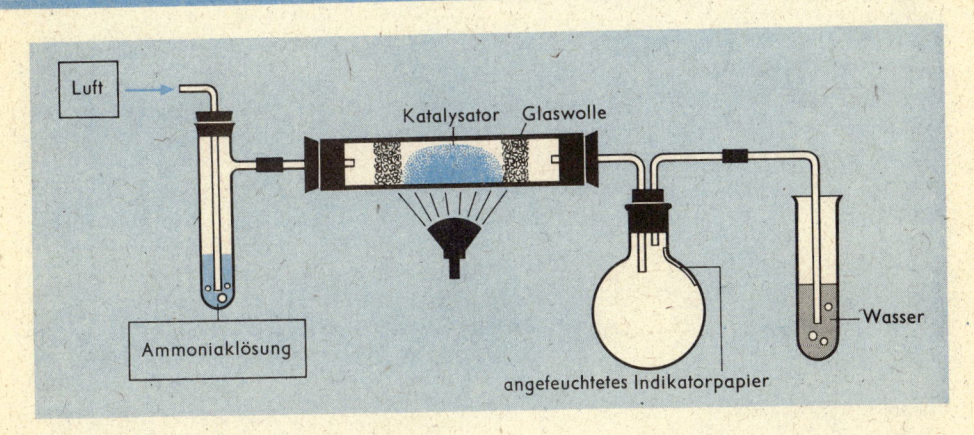

Abb. 18 Geräteanordnung zu Experiment 17

steht das braune giftige Gas **Stickstoffdioxid** NO_2. Auch in Rauchgasen von Industrieschornsteinen gelingt es noch nicht immer, dieses giftige Oxid des Stickstoffs vollständig abzutrennen, damit es sich nicht schädigend auf die Umwelt auswirkt.
Weitere Oxide des Stickstoffs können aus seinen Verbindungen hergestellt werden. Es gibt Oxide aller Oxydationszahlen des Elements Stickstoff von +1 bis +5. ⑤
Oxide des Stickstoffs lassen sich in umkehrbaren chemischen Reaktionen ineinander umwandeln, in chemischen Gleichgewichten liegen mehrere Oxide des Stickstoffs nebeneinander vor. Derartige Gasgemische werden als *nitrose Gase* bezeichnet.

Darstellung. Stickstoffmonoxid kann aus Ammoniak dargestellt werden.
Ammoniak brennt in Sauerstoff; die chemische Reaktion kann explosionsartig verlaufen. Bei dieser chemischen Reaktion entstehen Stickstoff und Wasser als Reaktionsprodukte.

$$4\,NH_3 + 3\,O_2 \rightleftharpoons 2\,N_2 + 6\,H_2O; \quad Q = -648\,kJ$$

Die Anwesenheit eines Katalysators bewirkt, daß bereits bei einer Temperatur von 300 ... 500 °C aus den gleichen Ausgangsstoffen die Reaktionsprodukte **Stickstoffmonoxid NO** und Wasser entstehen. ⑥ ⑦

$$4\,NH_3 + 5\,O_2 \xrightleftharpoons{Kat.} 4\,NO + 6\,H_2O; \quad Q = -904\,kJ$$

Stickstoffmonoxid ist an der Luft nicht beständig und reagiert mit überschüssigem Sauerstoff sofort zu **Stickstoffdioxid NO$_2$** (Experiment 17). ①②③④

2 NO + O$_2$ ⇌ 2 NO$_2$;   Q = —113 kJ

Die **katalytische Oxydation von Ammoniak** hat technische Bedeutung. Stickstoffmonoxid und Stickstoffdioxid sind Zwischenprodukte bei der Herstellung von Salpetersäure.

Die Untersuchung und technische Verwirklichung dieser chemischen Reaktion ist mit dem Namen des deutschen Chemikers *Wilhelm Ostwald* verbunden (Abb. 19).

▸ **Stickstoffmonoxid kann durch katalytische Oxydation von Ammoniak hergestellt werden. Stickstoffdioxid entsteht bei der Oxydation von Stickstoffmonoxid.**

Bau und Eigenschaften. Stickstoffmonoxid und Stickstoffdioxid bestehen jeweils aus den Elementen Stickstoff und Sauerstoff, die aber in unterschiedlichen Zahlenverhältnissen der Atome vorhanden sind. Der sich daraus ergebende verschiedenartige Bau der Moleküle bedingt auch unterschiedliche Eigenschaften der beiden Oxide (Übersicht 7). ⑤

Übersicht 7 Stickstoffmonoxid und Stickstoffdioxid

Stoffe		Stickstoffmonoxid NO	Stickstoffdioxid NO$_2$
Eigenschaften	Aggregatzustand bei 20 °C und 0,1 MPa	gasförmig	gasförmig
	Farbe	farblos	braun
	Giftigkeit	starkes Atemgift	starkes Atemgift
	Löslichkeit in Wasser	wenig löslich	leicht löslich
Bau	Art der Teilchen	zweiatomige Moleküle	dreiatomige Moleküle Dimerisierung (d. h. zwei Moleküle vereinigen sich zu einem größeren Molekül) 2 NO$_2$ ⇌ N$_2$O$_4$
	chemische Bindung	polare Atombindung	polare Atombindung

▸ **Stickstoffmonoxid und Stickstoffdioxid sind starke Atemgifte.**

① Welche Schlüsse können Sie aus der Farbänderung des Indikators bei der katalytischen Oxydation von Ammoniak ziehen (↗ Experiment 17)?

② Berechnen Sie das Volumen an Stickstoffmonoxid (Normzustand), das aus 1 300 t Ammoniak, der Tagesproduktion einer großen Ammoniakanlage, herstellbar ist! Vollständiger Stoffumsatz wird angenommen.

③ Welche Reaktionsbedingungen begünstigen die Bildung von Stickstoffdioxid bei der umkehrbaren chemischen Reaktion
$2 NO + O_2 \rightleftharpoons 2 NO_2; \quad Q = -113$ kJ

④ a) Kennzeichnen Sie die chemische Reaktion von Ammoniak mit Sauerstoff in Anwesenheit eines Katalysators als Redoxreaktion!
b) Bestimmen Sie die Art der chemischen Reaktion, der die Bildung von Stickstoffdioxid aus Stickstoffmonoxid zuzuordnen ist!

⑤ Braunes Stickstoffdioxid wird in einer Ampulle – einem geschlossenen Gefäß – beobachtet. Bei Abkühlung des Gefäßes hellt sich die braune Farbe des Gases stark auf. Farbloses Distickstofftetroxid liegt dann zum großen Teil in dem geschlossenen Gefäß vor. Wird die Ampulle erwärmt, tritt wieder die braune Farbe des Stickstoffdioxids auf. Erklären Sie die beobachtete Erscheinung! Entwickeln Sie die chemische Gleichung für die chemische Reaktion! Geben Sie an, ob die Reaktion exotherm oder endotherm ist!

Abb. 19 *Wilhelm Ostwald* (1853 bis 1932) hat hervorragenden Anteil an der Entwicklung der Wissenschaft Chemie. Als Physikochemiker widmete er sich vor allem der Untersuchung chemischer Reaktionen mit Katalysatoren (Nobelpreis für Chemie 1909) sowie der Elektrochemie. Den wissenschaftlichen Meinungsstreit förderte er durch die Gründung von Fachzeitschriften (Zeitschrift für physikalische Chemie 1887) und wissenschaftliche Gesellschaften (Gesellschaft für Elektrochemie 1889, Internationaler Chemikerverband 1911). Als Hochschullehrer entwickelte er das Institut für physikalische Chemie der Leipziger Universität zu einer bedeutenden Ausbildungsstätte, in der er sich intensiv um die Förderung junger Wissenschaftler bemühte.

Salpetersäure 15

▼ 18 **Vorsicht!** Verdünnte Salpetersäure wird auf Zink gegeben.
▼ 19 **Vorsicht!** Verdünnte Salpetersäure wird auf Zinkoxid gegeben.
▼ 20 **Vorsicht! Bildung giftiger Gase!** Ein Kupferspan ist mit wenigen Tropfen konzentrierter Salpetersäure zu versetzen.
▼ 21 **Vorsicht!** Eiweißlösung wird mit konzentrierter Salpetersäure versetzt.

Kennzeichnung und Bildung. Wie einige andere Nichtmetalloxide reagiert auch Stickstoffdioxid NO_2 mit Wasser unter Bildung einer sauren Lösung. Bei Zufuhr von Sauerstoff entsteht dabei die **Salpetersäure** HNO_3 (↗ Experiment 17, S. 32).

$4 NO_2 + 2 H_2O + O_2 \rightleftharpoons 4 HNO_3$

In wäßriger Lösung dissoziiert Salpetersäure in elektrisch positiv geladene Wasserstoff-Ionen und elektrisch negativ geladene **Nitrat-Ionen NO$_3^-$** als Säurerest-Ionen.

$HNO_3 \rightleftarrows H^+ + NO_3^-$

① ② ③ ④

Eigenschaften verdünnter Salpetersäure. Handelsüblich ist verdünnte Salpetersäure mit einer Stoffmengenkonzentration c_{HNO_3} = 2 mol · l^{-1}, einer Dichte ϱ = 1,07 g · cm^{-3} und einem Massenanteil w = 12 %. Verdünnte Salpetersäure gleicht in vielen chemischen Reaktionen anderen verdünnten Säurelösungen. Mit unedlen Metallen, vielen Metalloxiden und Hydroxidlösungen reagiert verdünnte Salpetersäure zu **Nitratlösungen** (Experiment 18 und 19). Auch mit Ammoniaklösung reagiert verdünnte Salpetersäure zu einer Nitratlösung. ⑤ ⑥

■ $Zn + 2 H^+ + 2 NO_3^- \rightleftarrows Zn^{2+} + 2 NO_3^- + H_2$

$CuO + 2 H^+ + 2 NO_3^- \rightleftarrows Cu^{2+} + 2 NO_3^- + H_2O$

$Na^+ + OH^- + H^+ + NO_3^- \rightleftarrows Na^+ + NO_3^- + H_2O$

Zwischen unedlen Metallen und verdünnter Salpetersäure finden Redoxreaktionen statt. Beim Einwirken von verdünnter Salpetersäure auf Metalloxide laufen Reaktionen mit Protonenübergang ab. Bei der Neutralisation einer Hydroxidlösung mit verdünnter Salpetersäure vereinigen sich die Wasserstoff-Ionen (Protonen) der Säurelösung mit den Hydroxid-Ionen der Baselösung zu Wassermolekülen. Protonen gehen von den Teilchen eines Ausgangsstoffs auf die Teilchen des anderen Ausgangsstoffs über. Neutralisationen sind deshalb den Reaktionen mit Protonenübergang zuzuordnen.

▷ **Die chemischen Reaktionen verdünnter Salpetersäure mit unedlen Metallen sind Redoxreaktionen; die chemischen Reaktionen mit Metalloxiden beziehungsweise Baselösungen gehören zu den Reaktionen mit Protonenübergang.**

Eigenschaften konzentrierter Salpetersäure. Handelsübliche konzentrierte Salpetersäure hat eine Stoffmengenkonzentration c_{HNO_3} = 15 mol · l^{-1}, eine Dichte ϱ = 1,4 g · cm^{-3}, einen Massenanteil w = 65 % und ist giftig. Konzentrierte Salpetersäure reagiert im Unterschied zur verdünnten Salpetersäure auch mit edleren Metallen, wie Kupfer und Silber (Experiment 20). Lediglich Gold, Platin und wenige andere Metalle werden nicht angegriffen. ⑦ ⑧

Bei der chemischen Reaktion der konzentrierten Salpetersäure mit Metallen entstehen ebenfalls Nitratlösungen. Häufig bildet sich jedoch kein Wasserstoff, hingegen entstehen nitrose Gase.

■ $Cu + 4 HNO_3 \longrightarrow Cu(NO_3)_2 + 2 H_2O + 2 NO_2$

Bei geringer Konzentration der Salpetersäure (c_{HNO_3} ≈ 12 mol · l^{-1}) entsteht bei der chemischen Reaktion mit Kupfer zunächst vorwiegend Stickstoffmonoxid. Durch Zutritt von Sauerstoff wird Stickstoffmonoxid zu Stickstoffdioxid oxidiert.

Änderungen der Oxydationszahlen sowohl des Elements Kupfer als auch des Elements Stickstoff kennzeichnen die chemische Reaktion von Kupfer mit konzentrierter Salpetersäure als Redoxreaktion. ⑨

Auch gegenüber Kohlenstoff wirkt konzentrierte Salpetersäure als starkes Oxydationsmittel.

■ $4 HNO_3 + C \longrightarrow CO_2 + 4 NO_2 + 2 H_2O$

Kohlenstoff wird zu Kohlendioxid oxidiert, Salpetersäure zu Stickstoffdioxid reduziert.

⑩ ⑪ ⑫

① Stellen Sie die chemischen Reaktionen zusammen, die von Ammoniak zu Salpetersäure führen! Interpretieren Sie die chemischen Gleichungen!

② Erklären Sie die Farbänderung des Unitest-Indikators beim Einleiten von Stickstoffdioxid in die Indikatorlösung!

③ Vergleichen Sie die Oxydationszahlen des Elements Stickstoff in Ammoniak, Stickstoffmonoxid, Stickstoffdioxid und Salpetersäure miteinander!

④ Berechnen Sie das Volumen an Ammoniak (Normzustand), das tatsächlich umgesetzt werden muß, um 1 t reine Salpetersäure herzustellen! Beachten Sie $n_{NH_3} : n_{HNO_3} = 1 : 1$!

⑤ Nennen Sie chemische Reaktionen der verdünnten Salpetersäure, bei denen Nitratlösungen entstehen! Formulieren Sie für das jeweils gewählte Beispiel zunächst eine Wortgleichung für die chemische Reaktion, bevor Sie die Gleichung in Ionenschreibweise entwickeln! Ordnen Sie diese chemischen Reaktionen den Arten chemischer Reaktionen zu!

⑥ a) Kennzeichnen Sie die Veränderung der Oxydationszahlen der Elemente bei der chemischen Reaktion von Magnesium mit verdünnter Salpetersäure!
b) Kennzeichnen Sie den Protonenübergang bei der chemischen Reaktion von Zinkoxid mit verdünnter Salpetersäure!

⑦ Berechnen Sie die Massen an Salpetersäure, die jeweils 1 l verdünnte und konzentrierte Säurelösung enthalten. Gehen Sie von den angegebenen Stoffmengenkonzentrationen aus (↗ S. 36).

⑧ Juweliere prüfen beispielsweise Schmuckgegenstände, indem sie diese mit einem Tropfen des sogenannten Scheidewassers, das ist konzentrierte Salpetersäure, benetzen. Welche Schlüsse ziehen sie aus ihren Beobachtungen?

⑨ Kennzeichnen Sie die chemische Reaktion zwischen konzentrierter Salpetersäure und Kupfer als Redoxreaktion!

⑩ Interpretieren Sie die chemische Gleichung für die Redoxreaktion zwischen konzentrierter Salpetersäure und Kohlenstoff!

⑪ Konzentrierte Salpetersäure kann leicht entflammbare Stoffe, wie Holzwolle, entzünden. Wie ist dies zu erklären?

⑫* Konzentrierte Salpetersäure ist im allgemeinen gelb gefärbt. Beim Öffnen der dunklen Vorratsflasche entweicht aus hochkonzentrierter, sogenannter roter, rauchender Salpetersäure ein braunes Gas. Erklären Sie diese Erscheinungen! Entwickeln Sie eine chemische Gleichung für diesen Vorgang!

Konzentrierte Salpetersäure wirkt stark ätzend und hinterläßt auf der Haut gelbe Flecke. Sie zerstört Eiweiß, die Xanthoproteinreaktion ist zu beobachten (Experiment 21).

▶ **Konzentrierte Salpetersäure wirkt stark oxydierend.**

Verwendung. Etwa zwei Drittel der hergestellten Salpetersäure werden zu Düngemitteln weiterverarbeitet. Ein Anteil von etwa 20 % dient zur Produktion von Sprengmitteln, wie Dynamit und anderen beispielsweise im Bergbau eingesetzten Sicherheitssprengmitteln. Der Einsatz von Salpetersäure zur Arzneimittel- und Farbstoffherstellung bestätigt ebenfalls, daß Salpetersäure zu den Grundchemikalien der chemischen Industrie gehört.

Nitrate 16

22 ▼ Kaliumnitrat, Kalziumnitrat und Ammoniumnitrat werden auf ihre Löslichkeit in Wasser geprüft.

23 ▼ **Vorsicht! Konzentrierte Säure!** Zu einer Nitratlösung wird eine gesättigte, frisch bereitete Eisen(II)-sulfatlösung gegeben. Dann ist mit verdünnter Schwefelsäure anzusäuern. Die Lösung wird mit wenigen Tropfen konzentrierter Schwefelsäure unterschichtet (Abb. 20, ↗ Ch–SE 9/10, Experiment 12, S. 23).

24 ▼ Eine Spatelspitze Natriumnitrat ist in einem Reagenzglas zu erhitzen. Das entweichende Gas wird durch die Spanprobe geprüft.

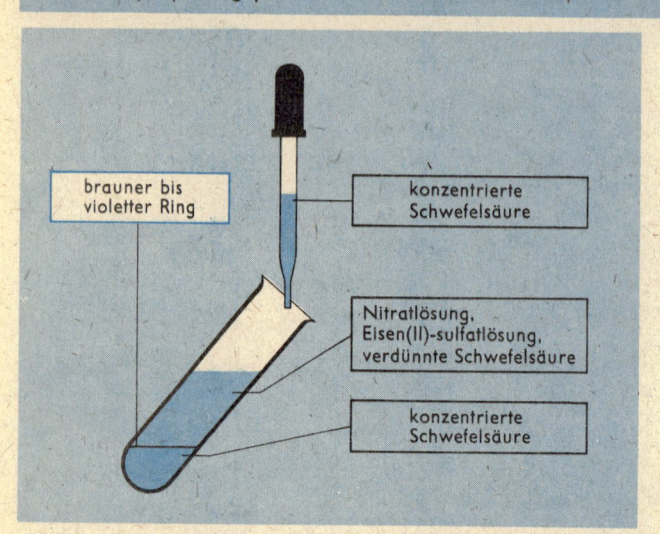

Abb. 20
Nachweis von Nitrat-Ionen

Bau. Nitrate sind die Salze der Salpetersäure. Die Ionenkristalle der festen Salze sind aus elektrisch positiv geladenen Metall-Ionen oder Ammonium-Ionen und elektrisch negativ geladenen Nitrat-Ionen aufgebaut. Nitrate dissoziieren in wäßriger Lösung. ①②③

$$KNO_3 \rightleftarrows K^+ + NO_3^-$$

Nachweis der Nitrat-Ionen. Die Nitrate sind in Wasser leicht löslich (Experiment 22). Deshalb sind Nitrat-Ionen nicht durch Fällungsreaktionen nachweisbar. Sie sind aber durch eine charakteristische **Farbreaktion** erkennbar (Experiment 23). Bei Zugabe von konzentrierter Schwefelsäure zu einer Nitrat-Ionen enthaltenden Lösung, die vorher mit angesäuerter Eisen(II)-sulfatlösung versetzt wurde, bildet sich ein charakteristischer brauner bis violetter Ring an der Grenzfläche zur konzentrierten Schwefelsäure. Mit der konzentrierten Schwefelsäure muß sehr sorgfältig und vorsichtig experimentiert werden.

▶ Nitrat-Ionen werden durch eine charakteristische Farbreaktion nachgewiesen.

Thermische Zersetzung von Nitraten. Beim Erhitzen zersetzen sich Nitrate (Experiment 24).

$$2\ NaNO_3 \longrightarrow 2\ NaNO_2 + O_2$$

Aus einigen Nitraten entstehen dabei **Nitrite** und Sauerstoff. Nitrite sind Salze der **salpetrigen Säure HNO_2**. Ähnlich wie bei schwefliger Säure und Schwefelsäure ist auch die

① Entwickeln Sie die Gleichungen für die Dissoziation von Natriumnitrat, Kalziumnitrat und Ammoniumnitrat!

② Erläutern Sie die chemische Bindung in Natriumnitrat!

③ Silbernitrat wird zum Nachweis von Halogenid-Ionen eingesetzt. Beschreiben Sie diese Nachweisreaktionen! Welche Erscheinungen sind zu beobachten? Entwickeln Sie die chemischen Gleichungen in verkürzter Ionenschreibweise!

④ Vergleichen Sie die Oxydationszahlen des Elements Stickstoff in Nitraten und Nitriten!

⑤ Bestimmen Sie die Oxydationszahlen des Elements Schwefel in Schwefelsäure und schwefliger Säure sowie des Elements Stickstoff in Salpetersäure und salpetriger Säure!

⑥ Welche Salze werden durch Hitzeeinwirkung ebenfalls unter Abspaltung eines gasförmigen Reaktionsprodukts zersetzt?

⑦ Kaliumnitrat und Natriumnitrat können als Oxydationsmittel wirken. Begründen Sie diese Aussage!

⑧ Berechnen Sie die Masse an Natriumnitrat, die mindestens thermisch zersetzt werden muß, um 100 ml Sauerstoff (Normzustand) darzustellen!

---

salpetrige Säure sauerstoffärmer als die Salpetersäure. Das Element Stickstoff hat in der salpetrigen Säure die Oxydationszahl +3. ④⑤

Die Zersetzung einiger Nitrate beim Erhitzen kann zur Darstellung von Sauerstoff im Labor genutzt werden. Bei der Zündung von Feuerwerkskörpern läuft sie ebenfalls ab. ⑥⑦⑧

▶ **Einige Nitrate zersetzen sich beim Erhitzen in Nitrite und Sauerstoff. Nitrite sind Salze der salpetrigen Säure HNO_2.**

Nitrate als Stickstoffdünger. Nitrathaltige Düngemittel werden in großem Umfang eingesetzt, um den Stickstoffbedarf der Pflanzen zu decken. Die Düngung mit Mineralsalzen wurde durch *Justus von Liebig* (Abb. 21) begründet. Seine Arbeiten über „Die Chemie in ihrer Anwendung auf Agrikultur und Physiologie", eine Fülle von experimentellen Analysen zu den Bestandteilen der Pflanzen und zur Bodenbeschaffenheit, führten ihn zu der Erkenntnis, „... daß der Boden in vollem Maße wieder erhalten muß, was ihm genommen wird ... Es wird eine Zeit kommen, wo man den Acker, wo man jede Pflanze, die man darauf erziehen will, mit dem ihr zukommenden Dünger versieht, den man in chemischen Fabriken bereitet ..." Mehr als 100 Jahre sind vergangen, seit *Justus*

Abb. 21 *Justus von Liebig* (1803 bis 1873) hat große Verdienste um die Entwicklung der Chemie. Er bildete in seinem Laboratorium an der Landesuniversität Gießen erstmalig auf der Welt systematisch Chemiker aus, die auf dem neuesten Stand ihrer Wissenschaft chemische Analysen erlernten und unmittelbar in Forschungsarbeiten einbezogen wurden. Mit ganzer Kraft verwirklichte er seine Absicht, die neuen wissenschaftlichen Erkenntnisse zum Verständnis chemischer Vorgänge im pflanzlichen und tierischen Organismus heranzuziehen und auf das gesellschaftlich höchstbedeutsame Gebiet der Landwirtschaft anzuwenden.

Justus von Liebig glaubte, daß soziale Fortschritte in der menschlichen Gesellschaft vor allem durch die Entwicklung der Naturwissenschaften herbeizuführen wären. Damit vertrat er in der Zeit der sich ausweitenden industriellen Revolution den Standpunkt des aufstrebenden, nach politischer Macht drängenden Bürgertums.

von Liebig mit seinen naturwissenschaftlichen Arbeiten anstrebte, naturgegebene Bedingungen zum Wohle der Menschen zu nutzen und zu verändern.

In der DDR sind der VEB Kombinat Agrochemie Piesteritz, der VEB Petrolchemisches Kombinat Schwedt und der VEB Leuna-Werke „Walter Ulbricht" die Hauptproduzenten jener Stickstoffdüngemittel, mit denen die meisten Kulturpflanzen versorgt werden müssen, um Erträge zu steigern und eine gute Qualität der Erzeugnisse zu erreichen (Übersicht 8).

Übersicht 8 Beispiele für feste Stickstoffdüngemittel beziehungsweise Volldünger mit einem relativ hohen Anteil an Stickstoff

Name	Form, in der das Element Stickstoff vorliegt	Weitere enthaltene für Pflanzen wichtige Elemente	Wirkungsweise
Kalkammonsalpeter	NH_4^+ und NO_3^-	Ca	schnell und nachhaltig
Natronsalpeter	NO_3^-		schnell
Ammoniumsulfat	NH_4^+		langsam
Piaphoskan grün	Harnstoff	Mg	schnell und nachhaltig
Pikaphos	NH_4^+ und NO_3^-	K, Ca, P	schnell und nachhaltig

Agrochemische Zentren erarbeiten wissenschaftlich begründete Pläne für den Düngemitteleinsatz auf landwirtschaftlichen Nutzflächen, die auch ökologische Fragen berücksichtigen.

In den industriellen Ballungsgebieten um Halle – Leipzig und Cottbus erhalten jetzt auch Wälder eine planmäßige Stickstoffdüngung von Agrarflugzeugen aus. Diese Düngung dient dem Schutz besonders der Kiefernwälder, die durch die Luftverschmutzung gefährdet sind, und auch der Steigerung des Holzzuwachses.

Die Pflanzennährstoffe der Düngemittel müssen künftig für die Pflanzen besser wirksam gemacht werden. Gegenwärtig werden Stickstoffdünger nur zu einem Anteil von 35 ··· 60 % ausgenutzt, ein zu hoher Anteil der Ammoniumsalze und Nitrate wird noch durch Grundwasser und Regen aus dem Boden ausgewaschen. Um eine ungünstige Anreicherung der Salze im Grundwasser zu vermeiden, werden deshalb Düngemittel entwickelt, die nicht so gut löslich sind, von Pflanzen nach Bedarf aufgenommen werden und ihnen somit als ständige Stickstoffquelle zur Verfügung stehen. Den Nährstoffverlusten entgegenzuwirken, ist auch deshalb Ziel der Forschung, weil die Herstellung und der Einsatz der Düngemittel sehr energieintensiv sind. Allein für die jährliche Stickstoffdüngung in der DDR muß Energie aufgewendet werden, die der chemischen Energie von 3 ··· 4 Mio t Braunkohle entspricht. ①

① Fassen Sie die Aufgaben beim Einsatz von Stickstoffdüngemitteln zusammen, indem Sie die Notwendigkeit des Düngemitteleinsatzes begründen, seine Wirkungen kennzeichnen und die Zielstellung für Forschungs- und Entwicklungsarbeiten auf diesem Gebiet angeben!

② Interpretieren Sie die Übersicht (↗ S. 41), indem Sie Wortgleichungen zu den schematisch dargestellten chemischen Reaktionen entwickeln!

③ Entwickeln Sie die chemischen Gleichungen für die Reaktionen, die a) zum Ammoniak, b) von Salpetersäure zu Ammoniumnitrat führen!

④ Welche der chemischen Reaktionen, die in der Übersicht dargestellt sind, gehören zu den Redoxreaktionen?

⑤ Beschreiben Sie die Verwendung von Ammoniak und von Salpetersäure!

⑥ Erläutern Sie die industrielle Herstellung von Ammoniak!

⑦ Stellen Sie die Nachweise für Ammonium-Ionen und Nitrat-Ionen unter Verwendung folgender Angaben tabellarisch gegenüber: Chemische Zeichen der Ionen, zuzugebende Chemikalien, charakteristische Beobachtungen beim Nachweis!

Chemische Reaktionen einiger Stickstoffverbindungen

17

Salpetersäure kann aus Ammoniak hergestellt werden, beide Stoffe reagieren jedoch auch miteinander. Chemische Reaktionen, die vom Stickstoff der Luft zum Stickstoffdünger Ammoniumnitrat führen, sind in einer Übersicht schematisch dargestellt.

② ③ ④ ⑤ ⑥ ⑦

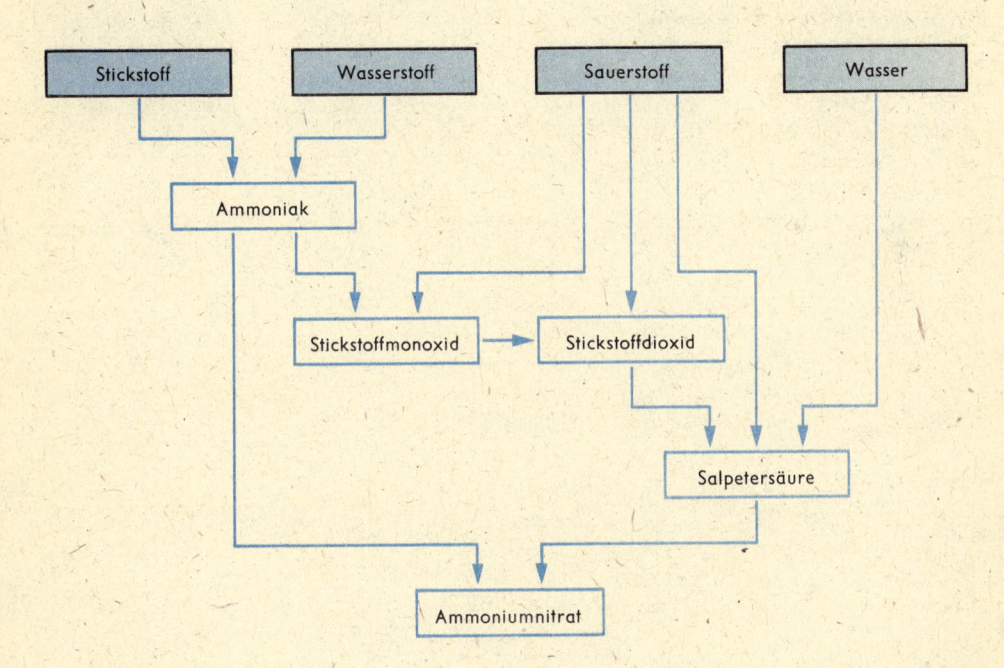

Stickstoff → Ammoniak ← Wasserstoff
Ammoniak → Stickstoffmonoxid → Stickstoffdioxid ← Sauerstoff
Stickstoffdioxid + Wasser → Salpetersäure
Salpetersäure + Ammoniak → Ammoniumnitrat

Aufgaben zur Festigung 18

1. Vergleichen Sie das Element Stickstoff mit dem ersten und letzten Element der 2. Periode des Periodensystems der Elemente hinsichtlich des Baus ihrer Atome!
2. Erläutern Sie am Periodensystem der Elemente (↗ TW 7–10) die unterschiedliche farbliche Darstellung der Elemente der V. Hauptgruppe!
3. Nennen Sie je zwei Beispiele für Redoxreaktionen und für Reaktionen mit Protonenübergang, an denen Stoffe beteiligt sind, die das Element Stickstoff enthalten!
4. Bei der synthetischen Herstellung von Ammoniak und seiner anschließenden Weiterverarbeitung zu Salpetersäure werden die Gase Stickstoff und Wasserstoff beziehungsweise Sauerstoff und Ammoniak eingesetzt. Stellen Sie in einer Übersicht Eigenschaften dieser Gase zusammen (↗ ChiÜb)!
   Wie sind diese Gase voneinander zu unterscheiden?
5. Wie kann experimentell nachgewiesen werden, daß das Düngemittel Kalkammonsalpeter Ammonium-Ionen, Nitrat-Ionen und Karbonat-Ionen enthält? Erarbeiten Sie einen Plan für Ihr Vorgehen!
6. Vergleichen Sie die Ammoniaksynthese mit der katalytischen Oxydation von Ammoniak bezüglich der Produkte, der Ausgangsstoffe und der Art der chemischen Reaktionen!
7. Erläutern Sie den Einfluß von Temperatur- und Druckänderungen auf den Verlauf der umkehrbaren chemischen Reaktionen
   a) $N_2 + 3 H_2 \rightleftarrows 2 NH_3$; $Q = -a$ kJ,
   b) $2 NO + O_2 \rightleftarrows 2 NO_2$; $Q = -b$ kJ!
8. Erläutern Sie am Beispiel der Ammoniaksynthese die Einstellung eines chemischen Gleichgewichts!
9. Angenommen, Sie sehen in einem Vorratsschrank für Chemikalien Flaschen mit einem äußerlichen, weißen, schmutzig wirkenden Belag. Wie würden Sie diese Erscheinung erklären und welche Schlüsse würden Sie daraus ziehen?
10. Drei Reagenzgläser enthalten verdünnte Lösungen von Chlorwasserstoffsäure, von Salpetersäure und von Kaliumchlorid. Wie läßt sich feststellen, welche Lösung in welchem Reagenzglas ist?

Schwefel als Element der VI. Hauptgruppe

Viele Stoffe, die große volkswirtschaftliche oder physiologische Bedeutung haben, enthalten das Element Schwefel. Schwefelsäure, die nicht nur in Starterbatterien vieler Kraftfahrzeuge Anwendung findet, sondern mit deren Hilfe zahlreiche Stoffe hergestellt werden, gehört ebenso dazu wie andere Stoffe, zum Beispiel der Natur- und Baustoff Gips, das Düngemittel Ammoniumsulfat oder das Fixiersalz für die Entwicklung von Fotos. Aber auch Eiweiß oder der Süßstoff Sacharin sowie alle Sulfonamide, beispielsweise die Medikamente „Mebacid" und „Sulfaclomid", die als Chemotherapeutika das Wachstum und die Vermehrung der Bakterien hemmen, sind Stoffe, die das Element Schwefel enthalten.
Volkswirtschaftlich am wichtigsten ist die Schwefelsäure. Sie wird aus Schwefeltrioxid hergestellt, das aus Schwefeldioxid entsteht. Schwefeldioxid muß daher in großem Umfange produziert werden. Es tritt aber auch als unerwünschter Bestandteil der Rauchgase auf, die bei der Verbrennung von Kohle in Feuerungsanlagen der Wärmekraftwerke und bei der Ofenheizung entstehen.
Welche Eigenschaften haben Schwefelverbindungen?
Aus welchen Rohstoffen kann die Schwefelsäure hergestellt werden?
Welche chemischen Reaktionen laufen bei der Herstellung der Schwefelsäure ab?
Voraussetzung für das Beantworten solcher Fragen sind Kenntnisse über Bau und Eigenschaften des Elements Schwefel, das in der VI. Hauptgruppe des Periodensystems der Elemente steht.

Elemente der VI. Hauptgruppe 19

Vorkommen und Verwendung. Die Elemente der VI. Hauptgruppe des Periodensystems sind **Sauerstoff** O, **Schwefel** S, **Selen** Se, **Tellur** Te und **Polonium** Po.
Sauerstoff ist das Element, das in der Erdrinde am häufigsten vorkommt. Ein Stoff, der nur aus dem Element Sauerstoff besteht, die Formel O_2 hat und Bestandteil der Luft ist, heißt Sauerstoff. Auch die Erdkruste enthält zu einem erheblichen Anteil das Element Sauerstoff. Die wichtigste Verbindung des Sauerstoffs ist das Wasser H_2O. Viele andere Oxide sind in Gesteinen, wie Quarz SiO_2, oder in Erzen, zum Beispiel Magnetit Fe_3O_4, enthalten. Eine große Anzahl sauerstoffhaltiger Salze, beispielsweise Kalziumkarbonat $CaCO_3$ und Kalziumsulfat $CaSO_4$, kommt in der Natur vor. ① ② ↗ S. 45
Schwefel tritt in vulkanischen Ablagerungen auf. Stoffe, die das Element Schwefel enthalten, sind weit verbreitet.
Dazu gehören die Sulfide, wie die Erze Kupferschiefer, Zinkblende und Pyrit FeS_2, die Sulfate, wie Kalziumsulfat $CaSO_4$ und Magnesiumsulfat $MgSO_4$, sowie organische Stoffe, wie Eiweiße und manche Bestandteile von Kohle und Erdöl.
Selen kommt zusammen mit Sulfiden vor. Außerdem tritt es als Spurenelement in Pflanzen auf. Selen findet für die Herstellung von Gleichrichtern und Fotozellen für Belichtungsmesser und Lichtschranken praktische Anwendung. ③ ↗ S. 45
Tellur ist sehr selten. Es gehört auch zu den Spurenelementen. Als Legierungsbestandteil mit Blei, Kupfer und Gußeisen dient Tellur der Veredlung metallischer Werkstoffe.
Polonium ist radioaktiv. Es kommt nur selten in der Natur vor.

Bau der Atome und Eigenschaften der Stoffe. Die Atome der Elemente der VI. Hauptgruppe haben 6 Außenelektronen. Mit Ausnahme des Elements Sauerstoff beträgt die höchstmögliche Wertigkeit dieser Elemente gegenüber dem Element Sauerstoff daher VI. Sie erreichen somit in Verbindungen mit dem Element Sauerstoff maximal die Oxydationszahl +6. Gegenüber dem Element Wasserstoff sind alle Elemente dieser Hauptgruppe zweiwertig und haben dabei die Oxydationszahl —2. ④ ⑤

▸ **Die Elemente Sauerstoff, Schwefel, Selen, Tellur und Polonium bilden die VI. Hauptgruppe des Periodensystems. Ihre Atome haben jeweils 6 Außenelektronen, wodurch gemeinsame Eigenschaften der entsprechenden Stoffe bedingt sind.**

Auf Grund der unterschiedlichen Anzahl besetzter Elektronenschalen in den Atomen der Elemente besitzen die Stoffe, die aus einem Element der VI. Hauptgruppe bestehen, unterschiedliche, gesetzmäßig abgestufte Eigenschaften (Übersicht 9). ⑥ ⑦

Übersicht 9   Einige Eigenschaften der Stoffe, die aus einem Element der VI. Hauptgruppe bestehen

Stoff	Aggregatzustand bei 20 °C und 0,1 MPa	Metallische und nichtmetallische Eigenschaften	Saure und basische Eigenschaften der wäßrigen Lösungen von Oxiden	Formel der Oxide
Sauerstoff	gasförmig	nichtmetallisch		
Schwefel	fest	nichtmetallisch	saure Eigenschaften	SO_2 SO_3
Selen	fest	nichtmetallisch/ metallisch	saure Eigenschaften	SeO_2 SeO_3
Tellur	fest	metallisch/ nichtmetallisch	saure oder neutrale Eigenschaften	TeO_2 TeO_3
Polonium	fest	metallisch	basische Eigenschaften	PoO_2

Sauerstoff und Schwefel sind Nichtmetalle. Dagegen haben Selen und Tellur auch schon einige für Metalle typische Eigenschaften. Polonium ist ein Metall.
Die Oxide des Schwefels und des Selens reagieren mit Wasser zu Lösungen mit sauren Eigenschaften. Die wäßrige Lösung von Tellurtrioxid ist ebenfalls eine Säurelösung. Tellurdioxid ist sehr wenig in Wasser löslich. Das Polonium(IV)-oxid hat basische Eigenschaften. Mit Wasser bildet es eine Baselösung. ⑧ ⑨

▸ **Die Abstufung der Eigenschaften der Stoffe ist durch die unterschiedliche Anzahl besetzter Elektronenschalen in den Atomen der Elemente bedingt. Die Stoffe, die aus einem Element der VI. Hauptgruppe bestehen, weisen bei den metallischen beziehungsweise nichtmetallischen Eigenschaften der Stoffe sowie bei den sauren beziehungsweise basischen Eigenschaften der wäßrigen Lösungen der Oxide ähnliche, aber abgestufte Eigenschaften auf.**

① Erläutern Sie die Bedeutung von Sauerstoff und Wasser für biologische Prozesse!

② Welche Bedeutung haben a) oxidische Erze, zum Beispiel Magnetit Fe_3O_4, und b) Kalziumkarbonat als Ausgangsstoffe für chemisch-technische Verfahren?

③* Erläutern Sie den Einsatz von Selen-Gleichrichtern und Selen-Fotozellen in der Praxis (↗ Physik)!

④* Stellen Sie in einer Tabelle folgende Angaben über die Elemente der VI. Hauptgruppe zusammen: Name, Symbol, Ordnungszahl, relative Atommasse, Elektronegativitätswert, Anzahl der Außenelektronen der Atome, Anzahl besetzter Elektronenschalen der Atomhülle, Wertigkeit (↗ ChiÜb)!
a) Vergleichen Sie die jeweiligen Angaben bei allen Elementen der VI. Hauptgruppe!
b) Weisen Sie den Zusammenhang zwischen Atombau und Stellung der Elemente im Periodensystem nach!
c) Stellen Sie Beziehungen zwischen dem Atombau und den Wertigkeiten gegenüber den Elementen Sauerstoff und Wasserstoff und zwischen dem Atombau und den höchsten und niedrigsten Oxydationszahlen her!

⑤ Wieviel Außenelektronen und wieviel Elektronenschalen besitzen die Atome der Elemente der VI. Hauptgruppe?

⑥ Bestimmen Sie die Oxydationszahlen der Elemente der VI. Hauptgruppe in den Formeln der Oxide (↗ Übersicht 9)!

⑦ Erläutern Sie am Beispiel des Elements Schwefel a) den Zusammenhang zwischen Anzahl der Außenelektronen in den Atomen der Elemente, Wertigkeit der Elemente gegenüber dem Element Wasserstoff und Oxydationszahl —2, b) den Zusammenhang zwischen Anzahl der Außenelektronen in den Atomen der Elemente, höchstmöglicher Wertigkeit der Elemente gegenüber dem Element Sauerstoff und Oxydationszahl +6!

⑧* Vergleichen Sie die Energieniveauschemas der Atomhüllen von Sauerstoffatomen und von Schwefelatomen!
Leiten Sie daraus die Elektronenschreibweise für die Elemente Sauerstoff und Schwefel ab!

⑨ Begründen Sie die Zugehörigkeit der Elemente der VI. Hauptgruppe zu einer Hauptgruppe des Periodensystems!
a) Stellen Sie in einer Tabelle Gemeinsamkeiten und Unterschiede bezüglich des Atombaus und der Stellung der Elemente im Periodensystem sowie bezüglich der Eigenschaften zusammen, die die entsprechenden Stoffe besitzen!
b) Vergleichen Sie innerhalb der VI. Hauptgruppe relative Atommasse und Dichte (↗ ChiÜb), nichtmetallische und metallische Eigenschaften, saure und basische Eigenschaften!

⑩ Nennen Sie Namen und Formeln von Verbindungen des Schwefels!

Schwefel 20

▼ 25 Schwefel wird in Wasser gebracht und geschüttelt. Die Löslichkeit ist zu prüfen.

Bedeutung. Sehr viele Stoffe enthalten das Element Schwefel (↗ S. 43). Reiner Schwefel ist Ausgangsstoff für die Herstellung wichtiger Produkte, wie Schwefelsäure und Gummi. Außerdem ist er in medizinischen Präparaten, zum Beispiel in dem Sulfoderm-Puder gegen Hauterkrankungen und in der Schwefelsalbe, enthalten. Schwefel ist auch Bestandteil der Zündholzköpfe von Streichhölzern. ⑩
In der DDR wird Schwefel vor allem aus organischen Stoffen hergestellt, die in der Kohle und im Erdöl enthalten sind. Die Produktion von Schwefel reicht aber nicht aus, deshalb importiert die DDR im Rahmen der Zusammenarbeit im Rat für Gegenseitige Wirtschaftshilfe Schwefel vor allem aus der Volksrepublik Polen.

Bau und Eigenschaften. Der Stoff **Schwefel** ist unter den Bedingungen des Normzustands fest und von gelber Farbe. Seine Kristalle sind spröde. Schwefel ist geruchlos. Er hat nichtmetallische Eigenschaften. Er löst sich nicht in Wasser (Experiment 25). Schwefel reagiert bei Wärmezufuhr mit Sauerstoff (↗ S. 50), mit Wasserstoff und mit Metallen (↗ S. 46).

Schwefel im festen Aggregatzustand ist aus Molekülkristallen aufgebaut (Abb. 22). Die miteinander in Wechselwirkung stehenden Moleküle bestehen jeweils aus mehreren Schwefelatomen. Im Gegensatz zu Sauerstoffmolekülen wird aber als chemisches Zeichen für Schwefel nur S geschrieben.

Abb. 22
Modell des Schwefelmoleküls

▶ **Schwefel ist ein gelber, fester, kristalliner Stoff mit nichtmetallischen Eigenschaften. Schwefel reagiert mit Sauerstoff, mit Wasserstoff und mit Metallen.** ① ②

Sulfide 21

26 ▼ Ein Gemisch aus Schwefel und Eisen wird durch Wärmezufuhr zur Reaktion gebracht (↗ Ch–SE 9/10, Experiment 13, S. 24).

Darstellung. Schwefel reagiert mit vielen Metallen zu **Sulfiden** (Experiment 26). Die Bildung von Sulfiden erfolgt meist durch exotherme Reaktionen, zu deren Auslösung Aktivierungsenergie erforderlich ist. ③

■ Eisen reagiert mit Schwefel zu Eisen(II)-sulfid, wenn die Aktivierungsenergie vorhanden ist. Bei dieser chemischen Reaktion wird Wärme abgegeben:

$Fe + S \longrightarrow FeS; \quad Q = -95{,}5 \text{ kJ}$ ④ ⑤

Die Bildung eines Sulfids aus einem Metall und Schwefel ist eine Redoxreaktion.

■ $\overset{\pm 0}{Fe} + \overset{\pm 0}{S} \longrightarrow \overset{+2\;-2}{FeS}$ ⑥ ⑦

Die Sulfide, die sich durch chemische Reaktionen von Metallen mit Schwefel bilden, bestehen meist aus Metall-Ionen und Sulfid-Ionen. Sie sind feste, kristalline Stoffe. ⑧

▶ **Aus Schwefel und Metallen bilden sich durch exotherme Reaktionen Metallsulfide. Diese chemischen Reaktionen sind Redoxreaktionen.**

Sulfidische Erze. Viele Metallsulfide kommen in der Natur als sulfidische Erze vor. Sulfidische Erze sind Stoffgemische, die Metalle oder Metallverbindungen in solchen Anteilen enthalten, daß die technische Herstellung des Metalls mit volkswirtschaftlichem Nutzen möglich ist. Ein Bestandteil vieler sulfidischer Erze ist **Pyrit** FeS_2. Pyrit, auch Eisenkies genannt, dient vor allem als ein Ausgangsstoff für die Herstellung von Schwefeldioxid (↗ S. 51). Dabei entsteht auch Eisen(III)-oxid, das bei der Verhüttung von Eisenerzen als Ausgangsstoff für die Roheisenproduktion verwendet wird.

Andere volkswirtschaftlich genutzte sulfidische Erze sind zum Beispiel Kupferschiefer, der als wichtigen Bestandteil das Kupfer(I)-sulfid Cu_2S enthält, sowie Zinkblende, deren Hauptbestandteil Zinksulfid ZnS ist.

① Entwickeln Sie die chemischen Gleichungen für die chemischen Reaktionen des Schwefels mit a) Sauerstoff, b) Eisen!

② Was versteht man unter einem Molekülkristall?

③ Kennzeichnen Sie das Merkmal einer exothermen Reaktion!

④* Kennzeichnen Sie die chemische Reaktion
Fe + S ⟶ FeS;   Q = — 95,5 kJ
a) als Stoffumwandlung und als Energieumwandlung,
b) als Veränderung der Teilchen,
c) mit Hilfe von Angaben über die Massen der reagierenden Stoffe bei der chemischen Reaktion!

⑤ Berechnen Sie das Massenverhältnis, in dem Eisen und Schwefel vorliegen müssen, wenn vollständiger Stoffumsatz erreicht werden soll!

⑥ Bestimmen Sie die Oxydationszahlen der Elemente in a) Zinksulfid, b) Kupfer(I)-sulfid, c) Blei(II)-sulfid!

⑦ Entwickeln Sie die chemischen Gleichungen für die chemischen Reaktionen zur Bildung von a) Zinksulfid, b) Kupfer(I)-sulfid aus Schwefel und dem entsprechenden Metall! Erläutern Sie diese chemischen Reaktionen als Redoxreaktionen!

⑧* Schätzen Sie die Bindungsverhältnisse in Kaliumsulfid ab!

Schwefelwasserstoff 22

▼27 **Vorsicht!** Eisen(II)-sulfid wird mit verdünnter Chlorwasserstoffsäure versetzt. Der Geruch des gasförmigen Reaktionsprodukts ist vorsichtig zu prüfen.

▼28 **Vorsicht!** Schwefelwasserstoff wird in Wasser geleitet. Die Flüssigkeit ist mit einem Indikator zu prüfen.

▼29 **Vorsicht!** Wäßrige Lösungen von Eisen(II)-, Blei(II)- und Kupfer(II)-Salzen werden jeweils mit Schwefelwasserstoffwasser versetzt.

▼30 Ein Tropfen einer Lösung, die Sulfid-Ionen enthält, wird auf einen Papierstreifen, der mit Blei(II)-Salzlösung getränkt ist, gebracht (↗ Ch—SE 9/10, Experiment 14, S. 26).

Eigenschaften. Schwefelwasserstoff H_2S ist unter den Bedingungen des Normzustands gasförmig und farblos. Das Gas hat einen sehr unangenehmen Geruch. Es entsteht in der Natur beim biologischen Abbau organischer Stoffe, die das Element Schwefel enthalten.
Da viele Eiweiße außer den Elementen Kohlenstoff, Wasserstoff, Sauerstoff und Stickstoff auch das Element Schwefel enthalten, bildet sich Schwefelwasserstoff zum Beispiel bei der Verdauung sowie der Fäulnis von Eiweißen (Abb. 23). Fäulnis ist die Eiweißgärung unter

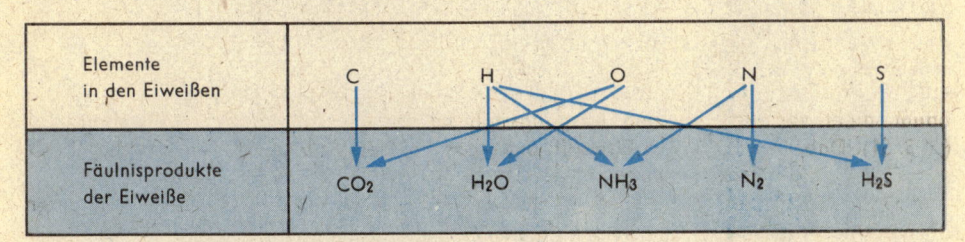

Elemente in den Eiweißen	C	H	O	N	S
Fäulnisprodukte der Eiweiße	CO_2	H_2O	NH_3	N_2	H_2S

Abb. 23 Eiweißbestandteile und Eiweißzersetzungsprodukte

Ausschluß von Sauerstoff. Der widerliche Geruch faulender Eier ist der typische Geruch von Schwefelwasserstoff. ①

Schwefelwasserstoff ist sehr giftig und führt bei längerem Einatmen zum Tode, wenn in der Luft Schwefelwasserstoff mit einem Volumenanteil von mindestens 0,05 % vorliegt. Hat das Gasgemisch einen Volumenanteil von 0,02 % Schwefelwasserstoff, so ist es noch stark giftig. Gegenüber diesem Gas ist unser Geruchssinn sehr empfindlich. Der Geruch ist allerdings kein verläßliches Warnzeichen, weil sehr rasch die Nerven der Schleimhäute gelähmt werden und die Geruchsempfindlichkeit damit nachläßt. Daher ist Schwefelwasserstoff sehr gefährlich. Außer verschiedenen Symptomen verursacht Schwefelwasserstoff eine Blockierung der Zellatmung und lähmt das Zentralnervensystem. Deshalb sind auch beim Arbeiten mit Schwefelwasserstoff die Bestimmungen des Arbeits- und Gesundheitsschutzes gewissenhaft einzuhalten. An Arbeitsplätzen dürfen höchstens 15 mg Schwefelwasserstoff je Kubikmeter Luft vorhanden sein. Bei Vergiftungen durch Schwefelwasserstoff ist rasches Entfernen aus dem Gefährdungsbereich, verbunden mit dem Einatmen von viel Frischluft, notwendig. ②

▶ **Schwefelwasserstoff ist ein unangenehm riechendes, sehr giftiges Gas. Es bildet sich bei der Fäulnis von Eiweißen.**

Bau. Schwefelwasserstoff ist ein Stoff, der aus Molekülen besteht. In den Molekülen sind die beiden Wasserstoffatome jeweils durch polare Atombindungen mit den Schwefelatomen verbunden (Abb. 24). In ihrem Bau ähneln die Schwefelwasserstoffmoleküle den Wassermolekülen. Die Oxydationszahl des Elements Schwefel im Schwefelwasserstoffmolekül beträgt —2. ③ ④

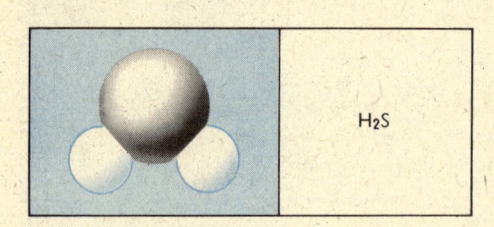

Abb. 24 Modell und Formel des Schwefelwasserstoffmoleküls

Darstellung. Schwefelwasserstoff bildet sich bei der Einwirkung von Säuren auf Sulfide (Experiment 27).
Diese chemische Reaktion der Sulfide mit Säuren ist eine Reaktion mit Protonenübergang.

Protonenaufnahme
↓
■ FeS + 2 HCl ⟶ H_2S + Fe^{2+} + 2 Cl^-
↑
Protonenabgabe

Die Chlorwasserstoffsäure gibt Protonen (Wasserstoff-Ionen) ab:
2 HCl ⟶ 2 H^+ + 2 Cl^-;
die Sulfid-Ionen, die in den Sulfiden enthalten sind,
nehmen diese Protonen auf:
FeS + 2 H^+ ⟶ H_2S + Fe^{2+}

Dabei entstehen Moleküle des Schwefelwasserstoffs. ⑤ ⑥ ⑦

▶ **Schwefelwasserstoff entsteht bei der chemischen Reaktion von Sulfiden mit Säuren. Diese chemischen Reaktionen sind Reaktionen mit Protonenübergang.**

① Erläutern Sie den Begriff Eiweiß mit Ihren Kenntnissen über die Zusammensetzung und den Bau makromolekularer Stoffe!

②* Vergleichen Sie Gefährlichkeit und Giftigkeit der Gase Schwefelwasserstoff und Kohlenmonoxid!

③* In welcher Beziehung ähnelt der Bau des Schwefelwasserstoffmoleküls dem Bau des Wassermoleküls?

④ Beurteilen Sie die chemische Bindung im Schwefelwasserstoffmolekül!

⑤ Berechnen Sie, welches Volumen (Normzustand) von Schwefelwasserstoff aus 10 g Eisen(II)-sulfid dargestellt werden kann!

⑥* Vergleichen Sie die chemische Reaktion von Sulfiden mit Säuren unter Bildung von Schwefelwasserstoff mit der chemischen Reaktion von Ammoniumsalzen mit Baselösungen unter Bildung von Ammoniak hinsichtlich des Protonenübergangs!

⑦ Ordnen Sie nachfolgende chemische Reaktionen
a) $Fe + S \longrightarrow FeS$ und b) $FeS + 2 HCl \longrightarrow H_2S + FeCl_2$
der entsprechenden Art chemischer Reaktionen zu! Begründen Sie Ihre Antwort!

⑧* Stellen Sie in einer Tabelle folgende Angaben für Schwefelwasserstoff und für Chlorwasserstoff zusammen: a) Art der Teilchen, die die Stoffe aufbauen, b) chemische Bindung, c) Dissoziationsgleichung für das Lösen der Stoffe in Wasser, d) Eigenschaften der Stoffe! Ermitteln Sie Gemeinsamkeiten und Unterschiede!

⑨ Entwickeln Sie die chemischen Gleichungen in Ionenschreibweise für die chemischen Reaktionen von Schwefelwasserstoffwasser mit Salzlösungen (↗ Experiment 29), die a) Eisen(II)-Ionen, b) Blei(II)-Ionen, c) Kupfer(II)-Ionen enthalten!

⑩ Worauf beruht der Nachweis von Schwefelwasserstoffgas mit angefeuchtetem Blei(II)-azetatpapier?

Chemische Reaktionen. Schwefelwasserstoff löst sich in Wasser. Dabei kommt es zur Dissoziation. Es entstehen Wasserstoff-Ionen und zweifach elektrisch negativ geladene **Sulfid-Ionen**.

$H_2S \rightleftharpoons 2 H^+ + S^{2-}$

Dabei stellt sich ein chemisches Gleichgewicht ein. Es ist unter den Bedingungen des Normzustands dadurch gekennzeichnet, daß die Konzentration des nichtdissoziierten Schwefelwasserstoffs weit größer ist als die Konzentrationen der Ionen in der Lösung.
Die wäßrige Lösung von Schwefelwasserstoff (Schwefelwasserstoffwasser) ist sauer (Experiment 28). Schwefelwasserstoff ist also eine Säure. Die Salze dieser Säure sind die **Sulfide**. ⑧

▶ **Schwefelwasserstoff ist eine Säure. Die Salze der Schwefelwasserstoffsäure heißen Sulfide.**

Beim Versetzen von Lösungen, die Schwermetall-Ionen enthalten, mit Sulfidlösung, treten die Schwermetall-Ionen und die Sulfid-Ionen zu Kristallen der schwerlöslichen Schwermetallsulfide zusammen. Diese Salze bilden oft farbige Niederschläge (Experiment 29). Solche chemische Reaktionen sind Fällungsreaktionen. ⑨

■ Blei(II)-Ionen reagieren mit Sulfid-Ionen unter Bildung von schwerlöslichem Blei(II)-sulfid, das als schwarzer Niederschlag beziehungsweise als schwarze Verfärbung des Papierstreifens (Experiment 30) zu beobachten ist.

$Pb^{2+} + S^{2-} \longrightarrow PbS$

Diese Fällungsreaktion wird als Nachweis von Sulfid-Ionen und auch von Schwefelwasserstoff genutzt. ⑩

▶ **Sulfid-Ionen bilden mit Schwermetall-Ionen schwerlösliche Schwermetallsulfide. Die Fällungsreaktion von Sulfid-Ionen mit Blei(II)-Ionen dient zum Nachweis dieser Ionen.**

Schwefeldioxid 23

▼ 31
▼ 32
▼ 33

Vorsicht! Schwefel wird an der Luft verbrannt.

Pyrit oder Eisen(II)-sulfid wird im Luftstrom kräftig erhitzt und das Gasgemisch durch Wasser sowie durch Fuchsinlösung geleitet (Abb. 25). Die wäßrige Lösung ist mit einem Indikator zu prüfen.

Ein Gemisch aus Kalziumsulfat (Anhydrit), Aktivkohle und Ton wird im Luftstrom kräftig erhitzt und das Gasgemisch durch Wasser sowie durch Fuchsinlösung geleitet (Abb. 26). Die wäßrige Lösung ist mit einem Indikator zu prüfen.
Nach dem Erkalten wird der Glührückstand mit wenig Wasser übergossen (Vorsicht, Augen schützen!) und die Aufschlämmung mit einem Indikator geprüft.

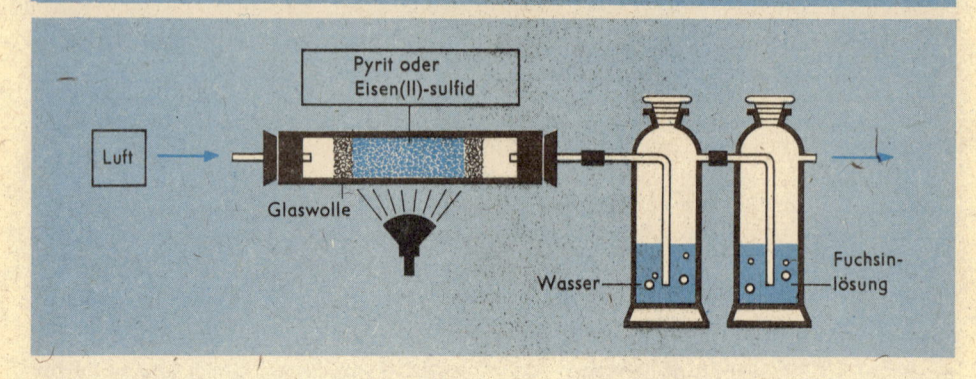

Abb. 25 Geräteanordnung zu Experiment 32

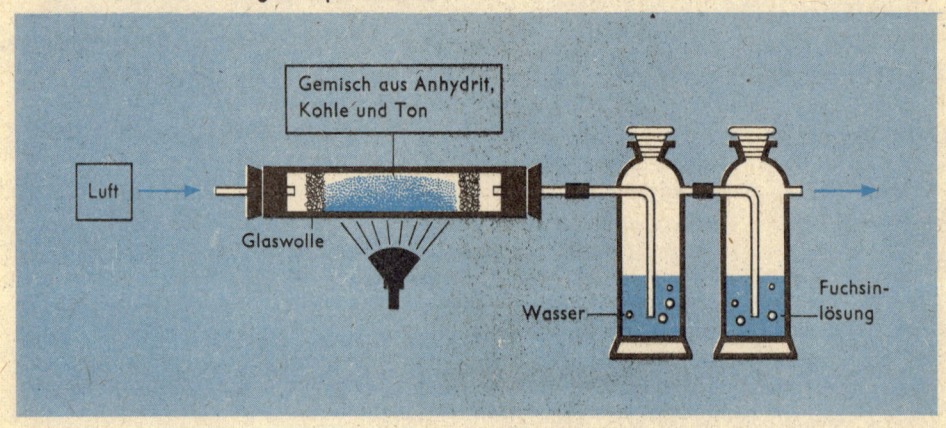

Abb. 26 Geräteanordnung zu Experiment 33

Bau und Eigenschaften. Schwefeldioxid SO_2 besteht im gasförmigen Aggregatzustand aus Molekülen (Abb. 27). In den Schwefeldioxidmolekülen sind jeweils zwischen dem Schwefelatom und den Sauerstoffatomen polare Atombindungen vorhanden. Die Oxydationszahl des Elements Schwefel im Schwefeldioxidmolekül beträgt $+4$.
Schwefeldioxid ist unter den Bedingungen des Normzustands ein farbloses, stechend riechendes, giftiges Gas, das sich in Wasser löst. Das Gas hat schädigenden Einfluß auf den menschlichen Organismus und auf viele Tiere und Pflanzen. ①

① Entwickeln Sie die chemische Gleichung für a) die chemische Reaktion von Schwefeldioxid mit Wasser, b) die Dissoziation der schwefligen Säure!

② Erläutern Sie an Beispielen die Bedeutung der Schwefelsäure!

③ Erläutern Sie die chemische Reaktion von Schwefel mit Sauerstoff zu Schwefeldioxid als Redoxreaktion!

④ Begründen Sie, daß die chemische Reaktion von Schwefelwasserstoff mit Sauerstoff eine Redoxreaktion ist! Bestimmen Sie die Teilreaktionen Oxydation und Reduktion! Ermitteln Sie Oxydationsmittel und Reduktionsmittel!

⑤* Entwickeln Sie die chemische Gleichung für das Rösten von Eisen(II)-sulfid! Erläutern Sie diese chemische Reaktion als Redoxreaktion! Arbeiten Sie dabei mit Oxydationszahlen!

⑥ Berechnen Sie das Volumen (Normzustand) von Schwefeldioxid, das aus 120 t Pyrit durch Rösten hergestellt werden kann!

⑦ Beim Übergießen des Glührückstands (↗ Experiment 33) mit Wasser läuft eine chemische Reaktion ab. Erklären Sie die Farbänderung des Indikators!

⑧ Erläutern Sie die chemische Reaktion von Kalziumsulfat mit Kohlenstoff als Redoxreaktion!

Abb. 27 Modell und Formel des Schwefeldioxidmoleküls

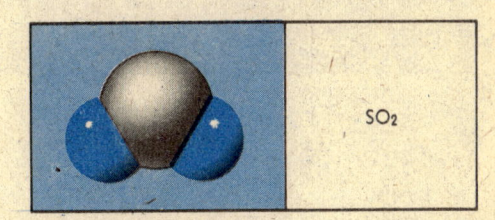

SO_2

▶ **Schwefeldioxid ist eine Verbindung der Elemente Schwefel und Sauerstoff, in der das Element Schwefel die Oxydationszahl +4 hat.**

Vorkommen und Verwendung. Schwefeldioxid entsteht beim Verbrennen von Kohle, Heizöl und Heizgas, weil diese Stoffgemische aus Stoffen bestehen, in denen das Element Schwefel enthalten ist. Es ist daher notwendig, die Rauchgase von Feuerungsanlagen zu reinigen. Beim Bau von Industrieanlagen werden große finanzielle Mittel aufgewendet, um Schwefeldioxid aus den Abgasen zu entfernen.
Schwefeldioxid ist aber zugleich der Stoff, aus dem Schwefelsäure hergestellt wird (↗ S. 57). Es ist daher für die Volkswirtschaft unentbehrlich und muß in großem Umfange hergestellt werden. ②

▶ **Schwefeldioxid ist Ausgangsstoff für die Herstellung von Schwefelsäure.**

Darstellung. Es gibt verschiedene Möglichkeiten, Schwefeldioxid darzustellen:

1. Verbrennen von Schwefel an der Luft (Experiment 31) oder in reinem Sauerstoff:
   $S + O_2 \longrightarrow SO_2$; $Q = -297$ kJ

2. Vollständige Oxydation von Schwefelwasserstoff:
   $2 H_2S + 3 O_2 \longrightarrow 2 SO_2 + 2 H_2O$; $Q = -1038$ kJ

3. Oxydation von Sulfiden, zum Beispiel beim **Rösten** sulfidischer Erze wie Pyrit (Experiment 32):
   $4 FeS_2 + 11 O_2 \longrightarrow 8 SO_2 + 2 Fe_2O_3$; $Q = -3093$ kJ

4. Reaktion von Kalziumsulfat (Anhydrit oder Gips) mit Kohlenstoff (Experiment 33):
   $2 CaSO_4 + C \longrightarrow 2 CaO + 2 SO_2 + CO_2$; $Q = +544$ kJ ③④⑤⑥⑦⑧

Allen vier Möglichkeiten liegen Redoxreaktionen zugrunde. Die chemischen Reaktionen von Sauerstoff mit Schwefel oder mit Schwefelwasserstoff oder mit Sulfiden sind exotherme Reaktionen. Dagegen ist die Redoxreaktion zwischen Kalziumsulfat und Kohlenstoff eine endotherme Reaktion. Die chemische Reaktion von Kalziumsulfat mit Kohlenstoff ist eine Redoxreaktion, weil sich beim Übergang der Ausgangsstoffe in die Reaktionsprodukte die Oxydationszahlen der Elemente Schwefel und Kohlenstoff ändern.

▶ **Schwefeldioxid läßt sich durch Redoxreaktionen darstellen. Es bildet sich in exothermen Reaktionen von Schwefel mit Sauerstoff, von Schwefelwasserstoff mit Sauerstoff und von Sulfiden mit Sauerstoff (Rösten). Die chemische Reaktion von Kalziumsulfat mit Kohlenstoff ist eine endotherme Reaktion.**

Schwefeltrioxid   24

Ein Gemisch aus Schwefeldioxid und Luft wird über einen erhitzten Katalysator geleitet (Abb. 28). Das Gasgemisch ist durch eine ausgespülte leere Gaswaschflasche, durch angesäuerte Bariumchloridlösung und durch konzentrierte Schwefelsäure zu leiten.

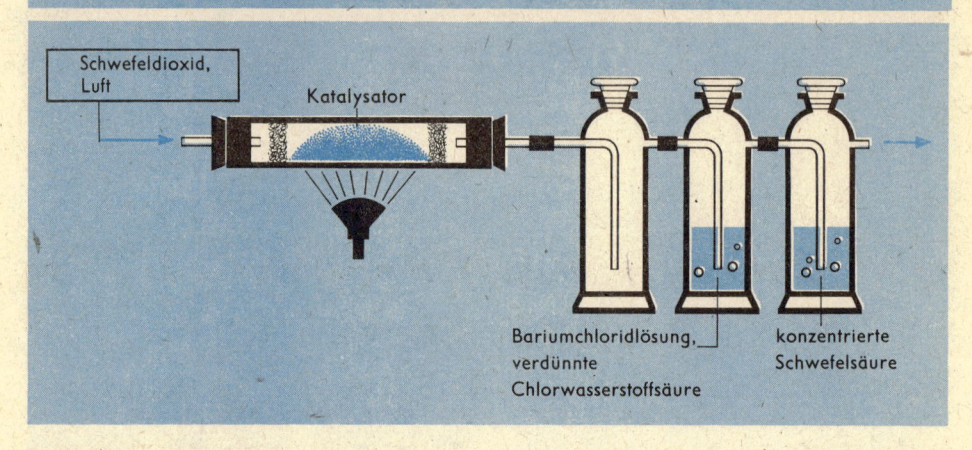

Abb. 28 Geräteanordnung zu Experiment 34

Bau und Eigenschaften. Schwefeltrioxid SO_3 besteht im gasförmigen Aggregatzustand aus Molekülen (Abb. 29). In den Schwefeltrioxidmolekülen sind zwischen dem Schwefelatom und den Sauerstoffatomen polare Atombindungen vorhanden. Das Schwefelatom ist von den drei Sauerstoffatomen symmetrisch umgeben. Die Oxydationszahl des Elements Schwefel im Schwefeltrioxidmolekül beträgt +6.

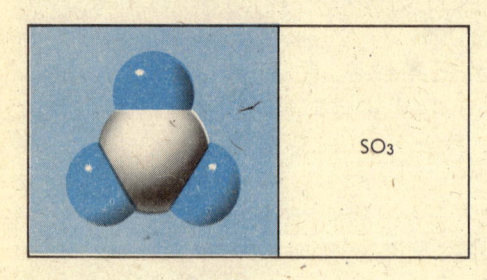

Abb. 29 Modell und Formel des Schwefeltrioxidmoleküls

① Bestimmen Sie die Oxydationszahl des Elements Schwefel a) in schwefliger Säure, b) in Schwefelsäure!

② Erläutern Sie am Beispiel der umkehrbaren chemischen Reaktion $2\,SO_2 + O_2 \rightleftarrows 2\,SO_3$ a) den unvollständigen Stoffumsatz, b) die Merkmale eines chemischen Gleichgewichts!

③ Wenden Sie die Regeln über den Einfluß von Temperaturänderungen und von Druckänderungen auf das chemische Gleichgewicht bei der umkehrbaren chemischen Reaktion
$2\,SO_2 + O_2 \rightleftarrows 2\,SO_3$; $Q = -198\,kJ$ an (↗ ChiÜb)!

Schwefeltrioxid ist bei höherer Temperatur ein farbloses, stark ätzend wirkendes und stechend riechendes, giftiges Gas. Im Normzustand ist es polymerisiert und fest, verdampft aber leicht und bildet mit feuchter Luft Nebel. Mit Wasser reagiert es zu Schwefelsäure. Aus dieser chemischen Reaktion ergibt sich die volkswirtschaftliche Bedeutung des Schwefeltrioxids. ①

▶ **Schwefeltrioxid ist eine Verbindung der Elemente Schwefel und Sauerstoff, in der das Element Schwefel die Oxydationszahl +6 hat.**

Bildung und Herstellung. Zu einem geringen Anteil entsteht Schwefeltrioxid neben Schwefeldioxid bei der Verbrennung von Schwefel. Vor allem aber wird Schwefeltrioxid durch katalytische Oxydation von Schwefeldioxid hergestellt (Experiment 34). Als Katalysator verwendet man in der Technik Vanadium(V)-oxid. Die chemische Reaktion zwischen Schwefeldioxid und Sauerstoff unter Bildung von Schwefeltrioxid ist eine umkehrbare chemische Reaktion, bei der sich ein chemisches Gleichgewicht einstellt.

$2\,SO_2 + O_2 \rightleftarrows 2\,SO_3$; $Q = -198\,kJ$.

Die Bildung von Schwefeltrioxid ist also eine exotherme Reaktion.

▶ **Schwefeltrioxid wird durch katalytische Oxydation von Schwefeldioxid hergestellt. Diese exotherme chemische Reaktion ist eine Redoxreaktion.**

Schwefeldioxid/Schwefeltrioxid-Gleichgewicht. Bei gleichzeitigem Ablauf von Hinreaktion und Rückreaktion liegen die Stoffe Schwefeldioxid, Sauerstoff und Schwefeltrioxid nebeneinander vor; ein chemisches Gleichgewicht stellt sich ein:

$2\,SO_2 + O_2 \rightleftarrows 2\,SO_3$; $Q = -198\,kJ$.

Das chemische Gleichgewicht ist dadurch gekennzeichnet, daß alle Stoffe mit ganz bestimmten Volumenanteilen vorhanden sind. ② ③
Die *Reaktionsbedingungen* bestimmen das chemische Gleichgewicht.
Das chemische Gleichgewicht ist *temperaturabhängig* (Tab. 3).

Tabelle 3 Volumenanteile des umgesetzten Schwefeldioxids bei der umkehrbaren chemischen Reaktion
$2\,SO_2 + O_2 \rightleftarrows 2\,SO_3$; $Q = -198\,kJ$
beim Druck 0,1 MPa und verschiedenen Temperaturen

Temperatur in °C	400	500	600	700	800	900
Volumenanteil des umgesetzten Schwefeldioxids in %	98,1	91,3	76,3	51,5	30,1	16,0

■ Eine Temperaturerhöhung begünstigt die Zersetzung des gewünschten Schwefeltrioxids. Für die Bildung des Schwefeltrioxids ist also eine möglichst niedrige Temperatur günstig. ①

Aus der Gleichung geht hervor, daß dieses chemische Gleichgewicht auch *druckabhängig* ist. Wenn aber an Stelle von reinem Sauerstoff nur Luft eingesetzt wird, ist die Volumenabnahme bei der Bildung von Schwefeltrioxid sehr gering. Eine Druckänderung hat in diesem Falle keinen wesentlichen Einfluß auf das chemische Gleichgewicht. ②

■ $\underbrace{2\,SO_2 + 4\,N_2 + O_2}_{7} \rightleftarrows \underbrace{2\,SO_3 + 4\,N_2}_{6}$ Verhältnis der Volumen der Ausgangsstoffe zu den Volumen der Reaktionsprodukte

Auch die Zusammensetzung des Gasgemisches beeinflußt das chemische Gleichgewicht. Eine Konzentrationserhöhung bewirkt bei einer umkehrbaren chemischen Reaktion den verstärkten Ablauf der chemischen Reaktion, bei der der zugeführte Stoff verbraucht wird; das chemische Gleichgewicht wird gestört, es muß sich unter Verbrauch des überschüssigen Stoffs wieder neu einstellen.

■ Eine Vergrößerung des Volumenanteils Sauerstoff im Gasgemisch – bezogen auf die Zusammensetzung entsprechend der chemischen Gleichung – hat zur Folge, daß sich ein größerer Volumenanteil Schwefeldioxid zu Schwefeltrioxid umsetzt (Tab. 4).

Tabelle 4 Volumenanteile des umgesetzten Schwefeldioxids beim Druck 0,1 MPa und verschiedenen Temperaturen in Abhängigkeit von der Zusammensetzung des Ausgangsgemisches der Gase

Temperatur in °C		400	500	600	700	800	900
Volumenanteil an umgesetztem Schwefeldioxid in % bei einem Ausgangsgemisch der Zusammensetzung	66,7 % Schwefeldioxid und 33,3 % Sauerstoff	98,1	91,3	76,3	51,5	30,1	16,0
	33,3 % Schwefeldioxid und 66,7 % Sauerstoff	99,7	97,3	88,5	66,6	40,4	22,0

▶ **Bei der umkehrbaren chemischen Reaktion von Schwefeldioxid mit Sauerstoff zu Schwefeltrioxid stellen sich in Abhängigkeit von den Reaktionsbedingungen unterschiedliche chemische Gleichgewichte ein. Um die Bildung von möglichst viel Schwefeltrioxid zu erreichen, sind eine niedrige Temperatur, Normaldruck sowie der Einsatz von Sauerstoff im Überschuß günstig.**

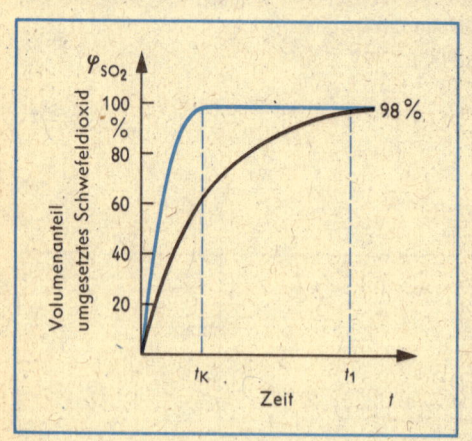

Abb. 30 Zusammenhang zwischen Volumenanteil an umgesetztem Schwefeldioxid und Zeit zur Einstellung des chemischen Gleichgewichts bei der Temperatur 420 °C mit und ohne Katalysator

① Bestimmen Sie für die umkehrbare chemische Reaktion
$2 SO_2 + O_2 \rightleftarrows 2 SO_3$; $Q = -198$ kJ den Einfluß einer Temperaturerhöhung a) auf das chemische Gleichgewicht, b) auf die Zeit, die zur Einstellung des chemischen Gleichgewichts erforderlich ist!

② Warum ist das chemische Gleichgewicht $2 SO_2 + O_2 \rightleftarrows 2 SO_3$ druckabhängig?

③ Worin besteht der grundsätzliche Unterschied zwischen Veränderungen der Reaktionsbedingungen und der Wirkung von Katalysatoren auf umkehrbare chemische Reaktionen?

④ Erläutern Sie Eigenschaften eines Katalysators (↗ ChiÜb)!

⑤ Vergleichen Sie die Oxydationszahlen des Elements Schwefel in den Oxiden des Schwefels und in den entsprechenden Säuren!

Das chemische Gleichgewicht stellt sich bei dieser umkehrbaren chemischen Reaktion ohne Katalysator sehr langsam ein. Der *Katalysator* verkürzt die Einstellzeit des chemischen Gleichgewichts (Abb. 30). Der Anteil an Schwefeltrioxid im Gasgemisch bleibt bei Anwesenheit eines Katalysators unverändert, er wird aber schneller erreicht. ③ ④

▶ **Unter den gewählten Reaktionsbedingungen stellt sich bei der umkehrbaren chemischen Reaktion von Schwefeldioxid mit Sauerstoff zu Schwefeltrioxid ein chemisches Gleichgewicht in ökonomisch vertretbarer Zeit nur dann ein, wenn ein Katalysator wirksam ist.**

Schwefelsäure

25

35 ▼ **Vorsicht!** Je ein Tropfen konzentrierte Schwefelsäure wird auf ein Stück Holz, Papier, Zellstoff, Baumwollgewebe und Gewebe aus Chemiefaserstoff gebracht.

36 ▼ **Vorsicht!** Konzentrierte Schwefelsäure wird unter Umrühren in Wasser gegossen. Die Temperaturen des Wassers und der entstehenden Lösung sind zu messen und zu vergleichen.

37 ▼ **Vorsicht!** Verdünnte Schwefelsäure und angesäuerte Sulfatlösung werden jeweils mit Bariumchloridlösung versetzt (↗ Ch-SE 9/10, Experiment 15, S. 27).

Kennzeichnung und Bildung. Schwefelsäure H_2SO_4 ist eine sauerstoffhaltige Säure, in der das Element Schwefel die Oxydationszahl +6 hat. ⑤
Schwefelsäure entsteht durch die chemische Reaktion von Schwefeltrioxid mit Wasser.
$SO_3 + H_2O \longrightarrow H_2SO_4$; $Q = -95,6$ kJ

Eigenschaften und Verwendung. Schwefelsäure dissoziiert beim Lösen in Wasser:
$H_2SO_4 \rightleftarrows 2 H^+ + SO_4^{2-}$
Die Salze der Schwefelsäure heißen **Sulfate**.
Konzentrierte Schwefelsäure ist eine farblose, ölige Flüssigkeit, die stark ätzend wirkt (Experiment 35) und ein Gift der Abteilung 2 ist. Konzentrierte Schwefelsäure hat bei 20 °C die Dichte $\varrho = 1,84$ g · cm^{-3} und einen Massenanteil $w = 96\%$, das heißt: 100 g konzentrierte Schwefelsäure bestehen aus 96 g reiner Schwefelsäure H_2SO_4 und 4 g Wasser. Schwefelsäure nimmt leicht Wasser auf. Beim Verdünnen der konzentrierten Schwefelsäure tritt eine starke Wärmeentwicklung auf (Experiment 36). Daraus ergibt sich für den Arbeitsschutz: Beim Verdünnen von konzentrierter Schwefelsäure ist stets die Säure in das Wasser zu gießen!

Verdünnte Schwefelsäure gehört bei einem Massenanteil reiner Schwefelsäure von weniger als 15% nicht zu den Giften. Da sie aber auch ätzend wirkt, sind beim Arbeiten mit verdünnter Schwefelsäure die Bestimmungen des Arbeits- und Gesundheitsschutzes sorgfältig zu beachten. Schwefelsäure, die auf die Haut, die Kleidung oder auf den Arbeitsplatz gelangt, ist sofort mit reichlich Wasser abzuspülen. Besondere Aufmerksamkeit gilt dem Schutz der Augen vor Säurespritzern. ①
Verdünnte Schwefelsäure gleicht in vielen chemischen Reaktionen anderen verdünnten Säurelösungen.
So reagiert Schwefelsäure sowohl mit Baselösungen und mit Ammoniak als auch mit unedlen Metallen und mit Metalloxiden unter Bildung von Salzlösungen. ② ③
Schwefelsäure ist die volkswirtschaftlich bedeutsamste Säure und wird vielseitig verwendet (Übersicht 10). ④ ⑤

Übersicht 10 Eigenschaften und Verwendung von Schwefelsäure

Eigenschaften	Verwendung
Wasseranziehende Wirkung der konzentrierten Säure	Trockenmittel für Gase; Begünstigung der Bildung von Estern; Herstellung von Sprengstoffen
Abspaltung von Wasser aus organischen Stoffen durch konzentrierte Säure	Reinigung von Erdöl; Herstellung von Arzneimitteln, Farbstoffen und Lacken
Wirkung als Katalysator	Bildung von Estern
Dissoziation	Akkumulatorensäure (Starterbatterie)
Bildung von Salzen	Herstellung von Düngemitteln
Bildung von Estern	Herstellung von Waschmitteln

▸ **Schwefelsäure bildet sich bei der chemischen Reaktion von Schwefeltrioxid mit Wasser. Sie ist ein wichtiger Ausgangsstoff für die chemische Industrie.**

Nachweis der Sulfat-Ionen. Werden Lösungen, die Sulfat-Ionen enthalten, mit Bariumchloridlösung versetzt, so entsteht ein weißer, feinkristalliner Niederschlag von Bariumsulfat (Experiment 37).

$$Ba^{2+} + SO_4^{2-} \longrightarrow BaSO_4$$

Bariumsulfat hat sowohl in Wasser als auch in Säure eine sehr geringe Löslichkeit. Die chemische Reaktion der Bildung von festem Bariumsulfat aus Lösungen, die Barium-Ionen enthalten, und aus Lösungen, die Sulfat-Ionen enthalten, ist eine Fällungsreaktion. Sie wird zum Nachweis für Sulfat-Ionen genutzt. ⑥ ⑦

▸ **Sulfat-Ionen bilden mit Barium-Ionen in einer Fällungsreaktion schwerlösliches Bariumsulfat. Diese chemische Reaktion dient dem Nachweis von Sulfat-Ionen in Lösungen.**

① Beschreiben und begründen Sie die Vorschriften zum Arbeits- und Gesundheitsschutz beim Umgang mit Schwefelsäure!

② Kennzeichnen Sie an der chemischen Reaktion von Schwefelsäure mit Natriumhydroxidlösung a) die Neutralisation, b) die Reaktion mit Protonenübergang!

③ Entwickeln Sie chemische Gleichungen für drei Möglichkeiten zur Bildung von Magnesiumsulfatlösung!

④ Erläutern Sie die Zusammenhänge zwischen den Eigenschaften und der Verwendung der Schwefelsäure (↗ Übersicht 10)!

⑤ Akkumulator-Säure ist 37%ig. Erläutern Sie diese Angabe!

⑥ In einer wäßrigen Natriumsulfatlösung sind die Sulfat-Ionen nachzuweisen. Wie gehen Sie vor? Entwickeln Sie die chemische Gleichung in ausführlicher und in verkürzter Ionenschreibweise!

⑦* Verdeutlichen Sie die vielfältigen Reaktionsmöglichkeiten der Schwefelsäure, indem Sie für je eine Redoxreaktion, eine Reaktion mit Protonenübergang und eine Fällungsreaktion mit Schwefelsäure eine chemische Gleichung aufstellen!

⑧ Erläutern Sie die volkswirtschaftliche Bedeutung der Herstellung von Schwefelsäure! Beachten Sie dabei die Verwendung der Schwefelsäure (↗ Übersicht 10, S. 56)!

⑨ Leiten Sie für die technische Durchführung der Herstellung von Schwefeldioxid nach verschiedenen Verfahren (↗ Übersicht 11, S. 58) entsprechende wärmetechnische Maßnahmen ab! Begründen Sie Ihre Antwort!

Herstellung von Schwefelsäure 26

Aus der vielfältigen Verwendung der Schwefelsäure ergibt sich die Notwendigkeit, Schwefelsäure ausreichend herzustellen. Bedeutende Anlagen zur Herstellung von Schwefelsäure befinden sich in der DDR im Chemiewerk Coswig/Anhalt, im VEB Chemiekombinat Bitterfeld, Betriebsteil Wolfen, sowie im VEB Chemiewerk Nünchritz und im VEB Bergbau- und Hüttenkombinat „Albert Funk", Freiberg. Die Schwefelsäureproduktion ist der Gradmesser für die Leistungsfähigkeit der chemischen Industrie eines Landes. In der Pro-Kopf-Produktion an Schwefelsäure nimmt die DDR einen der vorderen Plätze in der Welt ein. ⑧

Physikalisch-chemische Grundlagen und ökonomische Fragen der Herstellung von Schwefelsäure

Um vom Schwefel oder von schwefelhaltigen Stoffen zu Schwefelsäure zu gelangen, sind drei chemische Reaktionen erforderlich:
1. Bildung von Schwefeldioxid aus Schwefel oder aus Stoffen, die das Element Schwefel enthalten,
2. Bildung von Schwefeltrioxid aus Schwefeldioxid,
3. Bildung von Schwefelsäure aus Schwefeltrioxid.

Bildung von Schwefeldioxid. Es gibt verschiedene Möglichkeiten zur Herstellung von Schwefeldioxid (Übersicht 11, S. 58). ⑨

Je nach der Rohstoffgrundlage des Landes wird Schwefeldioxid nach verschiedenen chemisch-technischen Verfahren hergestellt. Die Oxydation von Schwefel ist dann das

Übersicht 11   Herstellung von Schwefeldioxid

Chemisch-technisches Verfahren	Chemische Reaktion	Reaktionswärme
Verbrennen von Schwefel	$S + O_2 \longrightarrow SO_2;$	$Q = -297 \text{ kJ}$
Rösten von Pyrit	$4 FeS_2 + 11 O_2 \longrightarrow 8 SO_2 + 2 Fe_2O_3;$	$Q = -3093 \text{ kJ}$
Gips-Schwefelsäure-Verfahren	$2 CaSO_4 + C \longrightarrow 2 CaO + 2 SO_2 + CO_2;$	$Q = +544 \text{ kJ}$

rentabelste Verfahren, wenn das Land selbst über reiche Schwefelvorkommen verfügt, wie das für die Volksrepublik Polen, für die USA, für Japan und Italien zutrifft. In der DDR wird im VEB Chemiewerk Nünchritz Schwefel aus der Volksrepublik Polen zu Schwefeldioxid oxydiert.

Das Rösten sulfidischer Erze ist ein Herstellungsverfahren für Schwefeldioxid, das auch in der DDR angewendet wird. Die Vorkommen an Pyrit in der DDR sind gering. Im Rahmen der engen Wirtschaftsbeziehungen der sozialistischen Länder erhält die DDR aus der Sowjetunion umfangreiche Lieferungen sulfidischer Erze. In der DDR werden sulfidische Erze im VEB Bergbau- und Hüttenkombinat „Albert Funk", Freiberg, zu Schwefeldioxid geröstet. Die anfallenden Metalloxide sind Ausgangsstoffe für die Herstellung von Metallen.

Von großer Bedeutung für die DDR ist die Herstellung von Schwefeldioxid aus Kalziumsulfat $CaSO_4$. Dieses Sulfat wird **Anhydrit** genannt. Kalziumsulfat ist auch Hauptbestandteil von **Gips**. Anhydrit und Gips gehören zu den Rohstoffen, die besonders häufig in unserer Republik vorkommen. Das chemisch-technische Verfahren heißt **Gips-Schwefelsäure-Verfahren**. Die chemische Grundlage dieses Verfahrens ist eine Redoxreaktion, bei der Wärme zugeführt werden muß (Übersicht 11 und Experiment 33, S. 50). Bei hohen Temperaturen zersetzt sich Kalziumsulfat und reagiert mit Kohlenstoff. Dabei entstehen Schwefeldioxid, Kohlendioxid und Kalziumoxid. ① ②

▶ **Grundlage des Gips-Schwefelsäure-Verfahrens ist die endotherme Reaktion von Kalziumsulfat mit Kohlenstoff. Diese chemische Reaktion ist eine Redoxreaktion.**

Trotz des hohen Energieaufwands läßt sich das Gips-Schwefelsäure-Verfahren rentabel gestalten. Das chemisch-technische Verfahren ist dann ökonomisch vorteilhaft, wenn durch Zusätze die Zersetzungstemperatur des Kalziumsulfats wesentlich herabgesetzt und gleichzeitig das entstehende Kalziumoxid mit den Zusätzen zu Zement verarbeitet wird. Man setzt daher dem Gemisch aus Anhydrit und Koks noch Ton, Sand und Eisenoxide als Zementbildner zu. Ökonomische Vorzüge dieses chemisch-technischen Verfahrens ergeben sich demnach aus der gekoppelten Herstellung von Schwefeldioxid als Ausgangsstoff für die Produktion von Schwefelsäure und von Zement als unentbehrlichem Stoff für die Bauwirtschaft. Den Wissenschaftlern, Technikern und Arbeitern unserer Republik ist es mit diesem chemisch-technischen Verfahren gelungen, die Herstellung von Schwefeldioxid und damit die Produktion von Schwefelsäure weitgehend auf der Grundlage einheimischer Rohstoffe zu steigern. Die Herstellung von Schwefeldioxid und Zement aus Anhydrit, Koks und anderen Ausgangsstoffen nach dem Gips-Schwefelsäure-Verfahren erfolgt in der DDR in Coswig und Wolfen. Seit dem Neuaufbau dieser Werke nach 1945 vollbrachten die Werktätigen dieser Betriebe große Leistungen.
③ ④

① Nennen Sie für das Vorkommen von Anhydrit und Gips Lagerstätten in der DDR (↗ Atlas)!

② Berechnen Sie die Masse an Schwefeldioxid, die aus 170 t reinem Anhydrit nach dem Gips-Schwefelsäure-Verfahren herstellbar ist!

③ Erläutern Sie die besondere Bedeutung des Gips-Schwefelsäure-Verfahrens für die Volkswirtschaft der DDR! Gehen Sie dabei auf Vor- und Nachteile des Verfahrens ein!

④ Vergleichen Sie die chemischen Reaktionen zur Herstellung von Schwefeldioxid (↗ Übersicht 11, S. 58) in bezug auf a) die Ausgangsstoffe, b) die Art der chemischen Reaktion, c) die Reaktionswärme und die Energienutzung, d) die ökonomische Zweckmäßigkeit unter dem Gesichtspunkt einheimischer Rohstoffe in unserer Republik!

⑤ Diskutieren Sie die Abhängigkeit des chemischen Gleichgewichts bei der umkehrbaren chemischen Reaktion

$2 SO_2 + O_2 \rightleftharpoons 2 SO_3$; $Q = -198$ kJ

von Veränderungen der Reaktionsbedingungen!

⑥* Begründen Sie, weshalb bei der Herstellung von Schwefelsäure das Schwefeltrioxid nicht in Wasser geleitet wird!

▶ **Schwefeldioxid wird in der DDR aus Schwefel, aus sulfidischen Erzen sowie aus Anhydrit und Gips hergestellt.**

Bildung von Schwefeltrioxid. Aus Schwefeldioxid und Sauerstoff entsteht Schwefeltrioxid in einer umkehrbaren chemischen Reaktion, bei der sich ein chemisches Gleichgewicht einstellt.

$2 SO_2 + O_2 \rightleftharpoons 2 SO_3$; $Q = -198$ kJ ⑤

Diese chemische Reaktion läßt sich auf Grund der gesetzmäßigen Zusammenhänge über das chemische Gleichgewicht so gestalten, daß ein möglichst großer Umsatz von Schwefeldioxid zu Schwefeltrioxid erfolgt. Das wird erreicht durch

- den Einsatz eines Katalysators zur schnellen Einstellung des chemischen Gleichgewichts,
- eine möglichst niedrige Temperatur,
- die Anwendung von Normaldruck bei Verwendung von Luft als Ausgangsstoff,
- den Einsatz von Sauerstoff im Überschuß.

Bildung von Schwefelsäure. Schwefeltrioxid reagiert mit Wasser in einer stark exothermen Reaktion zu Schwefelsäure.

$SO_3 + H_2O \longrightarrow H_2SO_4$; $Q = -95,6$ kJ

Bei dieser exothermen Reaktion entweicht verhältnismäßig viel Schwefeltrioxid gasförmig. Außerdem kommt es zur Bildung von Schwefelsäurenebeln, die sich schwierig kondensieren lassen. Deshalb wird konzentrierte Schwefelsäure als Lösungsmittel für Schwefeltrioxid verwendet, in der sich Schwefeltrioxid ohne Schwierigkeiten löst. Die entstehende hochkonzentrierte Schwefelsäure wird anschließend vorsichtig mit verdünnter Schwefelsäure verdünnt. ⑥

▶ **Im Mittelpunkt der Herstellung von Schwefelsäure steht die umkehrbare chemische Reaktion von Schwefeldioxid mit Sauerstoff zu Schwefeltrioxid.**

Kontaktverfahren

Eine Möglichkeit zur technischen Durchführung der Oxydation von Schwefeldioxid zu Schwefeltrioxid ist das **Kontaktverfahren**. Der Name ergibt sich aus der Bezeichnung **Kontakt** für einen festen Katalysator.

Das *Produkt* des Kontaktverfahrens ist Schwefeltrioxid, das zur Schwefelsäure weiterverarbeitet wird.
Ausgangsstoff ist ein Gemisch der Gase Schwefeldioxid und Luft. Luft wird als billiger Ausgangsstoff im Überschuß eingesetzt, so daß Sauerstoff mit einem größeren Volumenanteil als Schwefeldioxid vorliegt. Das Gasgemisch hat etwa folgende Zusammensetzung: 7% Schwefeldioxid, 10% Sauerstoff, 83% Stickstoff. ①
Chemische Grundlage des Kontaktverfahrens ist die umkehrbare chemische Reaktion der katalytischen Oxydation von Schwefeldioxid. Als Kontakt dient Vanadium(V)-oxid. Zu seiner Wirksamkeit ist eine Temperatur von 420 °C erforderlich. Die chemische Reaktion verläuft unter Normaldruck. Unter den angegebenen Reaktionsbedingungen und der Zusammensetzung des Ausgangsgemisches wird in modernen Produktionsanlagen das eingesetzte Schwefeldioxid zu etwa 99,5% umgesetzt. ② ③

▶ **Beim Kontaktverfahren wird Schwefeltrioxid durch katalytische Oxydation von Schwefeldioxid mit einem Überschuß von Luft am Kontakt bei etwa 420 °C hergestellt.**

Als technischer *Reaktionsapparat* dient ein **Kontaktapparat** (Abb. 31). Der Kontaktapparat zur Herstellung von Schwefeltrioxid ist im Vergleich zum Reaktionsapparat für die Ammoniaksynthese (↗ Abb. 13, S. 29) dünnwandig gebaut und hat ein großes Volumen, weil bei Normaldruck gearbeitet wird. Der Kontakt ist in etwa 5 ⋯ 50 cm starken Schichten auf Horden gelagert. Der Bau der gesamten Kontaktanlage ergibt sich vor allem aus der Notwendigkeit, die Temperatur möglichst konstant zu halten. Das Ausgangsgemisch der Gase Schwefeldioxid, Sauerstoff und Stickstoff muß vorgewärmt werden, damit es die notwendige Temperatur für das Wirken des Kontakts erreicht. Es tritt in den oberen Teil des Kontaktofens ein und durchströmt den Kontakt. Bei der chemischen Reaktion

Abb. 31 Kontaktanlage zur Schwefeltrioxidherstellung

wird Wärme abgegeben; es kommt zu einem Temperaturanstieg. Da aber Temperaturerhöhung die Bildung von Schwefeldioxid begünstigt, ist eine Kühlung erforderlich. Die Kühlung erfolgt durch **Wärmeaustausch im Gegenstrom**. Das heiße Gas, das den Kontakt passiert hat, wird in einen Wärmeaustauscher (Abb. 32, Apparat links neben dem Kontaktapparat) geleitet. Dort strömt es in Röhren von oben nach unten, während das Gas des Ausgangsgemisches im Innern des Wärmeaustauschers an den Röhren vorbei von unten nach oben geführt wird. Durch diesen Gegenstrom kühlt sich das heiße Gas ab,

① In welchem Volumenverhältnis stehen Schwefeldioxid und Sauerstoff entsprechend der chemischen Gleichung für die Oxydation von Schwefeldioxid zu Schwefeltrioxid?

② Begründen Sie, weshalb bei Anwendung von Luft an Stelle von reinem Sauerstoff die Druckabhängigkeit des chemischen Gleichgewichts bei der umkehrbaren chemischen Reaktion
$2 SO_2 + O_2 \rightleftarrows 2 SO_3$ praktisch bedeutungslos ist!

③ Welche Wirkung hat eine Temperaturerhöhung bei der umkehrbaren chemischen Reaktion
$2 SO_2 + O_2 \rightleftarrows 2 SO_3$; $Q = -198$ kJ
a) auf die Reaktionsgeschwindigkeit und b) auf das chemische Gleichgewicht?

das kalte Gas wird auf die Reaktionstemperatur vorgewärmt. Das abgekühlte Gas, das noch Schwefeldioxid enthält, gelangt vom Wärmeaustauscher in den darunterliegenden Teil des Kontaktapparats. An weiterem Kontakt erfolgt erneut die chemische Reaktion. Nach der chemischen Reaktion am Kontakt auf jeder Horde des Kontaktapparats ist eine Abkühlung des Gases durch Wärmeaustausch erforderlich. Dazu verläßt das Gas den Kontaktapparat und durchströmt einen angeschlossenen Wärmeaustauscher. Als Kühl-

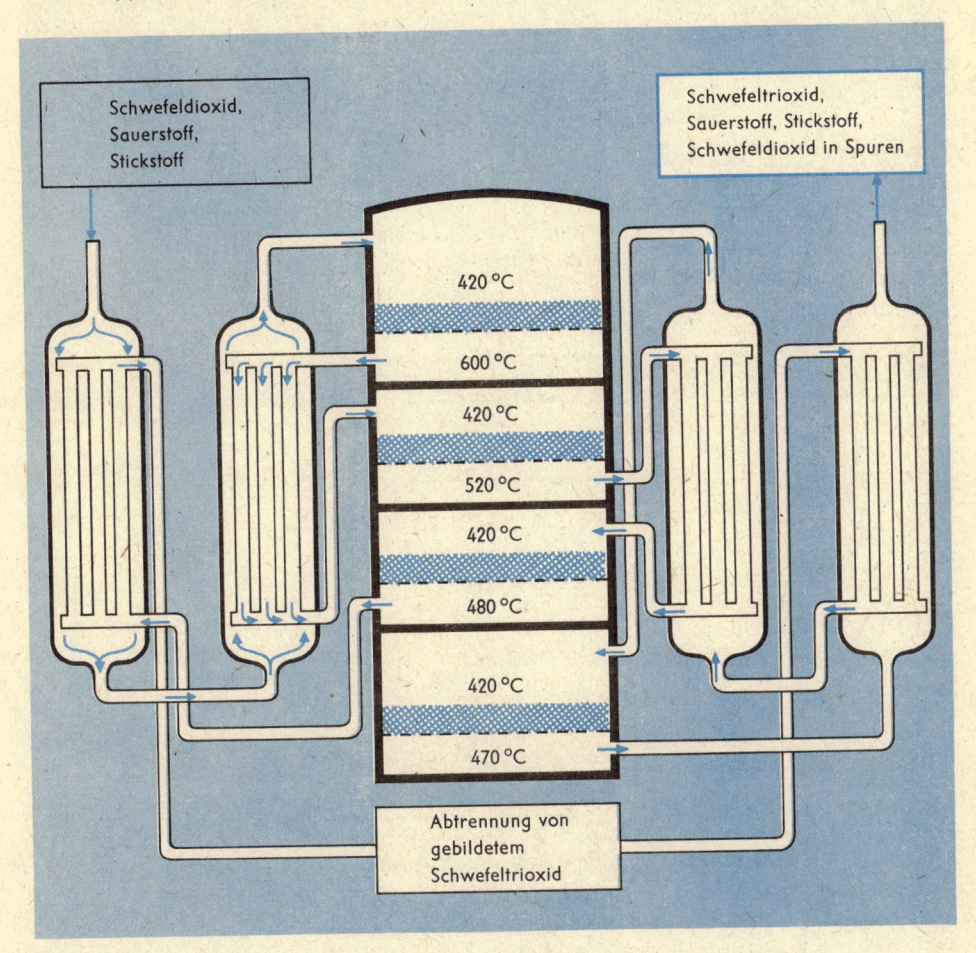

Abb. 32 Schematische Darstellung eines Kontaktapparats mit Wärmeaustauschern

mittel wird das vorzuwärmende Gasgemisch eingesetzt. Danach gelangt es erneut in den Kontaktapparat in einen jeweils darunterliegenden Teil und wird am Kontakt zur chemischen Reaktion gebracht. Nach dreistufiger Umsetzung auf den drei oberen Horden (Abb. 32, S. 61) wird das gebildete Schwefeltrioxid aus dem Gasgemisch abgetrennt. Das verbleibende Restgas wird in den Kontaktapparat zurückgeführt und auf der untersten Horde am Kontakt zur Umsetzung gebracht. Das Gas, das den Kontaktapparat verläßt, besteht vor allem aus Schwefeltrioxid sowie aus nicht umgesetztem Sauerstoff und Stickstoff. ① ②

Das Kontaktverfahren verläuft in **kontinuierlicher Arbeitsweise**. Die Temperaturregelung erfolgt durch Steuerung der Luftzufuhr zum Ausgangsgemisch der Gase. Steigt die Temperatur im Kontaktapparat an, so wird zusätzlich Luft zugeführt. Der Volumenanteil an Schwefeldioxid sinkt, es entsteht weniger Schwefeltrioxid, also auch weniger Wärme; damit sinkt die Temperatur. Moderne Kontaktanlagen produzieren täglich bis zu 100 t Schwefeltrioxid.
③ ④ ⑤

▸ **Die Herstellung von Schwefeltrioxid nach dem Kontaktverfahren erfolgt im Kontaktapparat. Die Arbeitsweise ist kontinuierlich. Zum Konstanthalten der Temperatur wird der Wärmeaustausch unter Ausnutzung des Gegenstromprinzips angewendet.**

Zusammenfassende Betrachtung 27

Aus einer schematischen Übersicht (Übersicht 12) gehen einige Zusammenhänge hervor, die zwischen wichtigen Schwefelverbindungen bestehen.

Übersicht 12 Schwefel und Stoffe, die das Element Schwefel enthalten

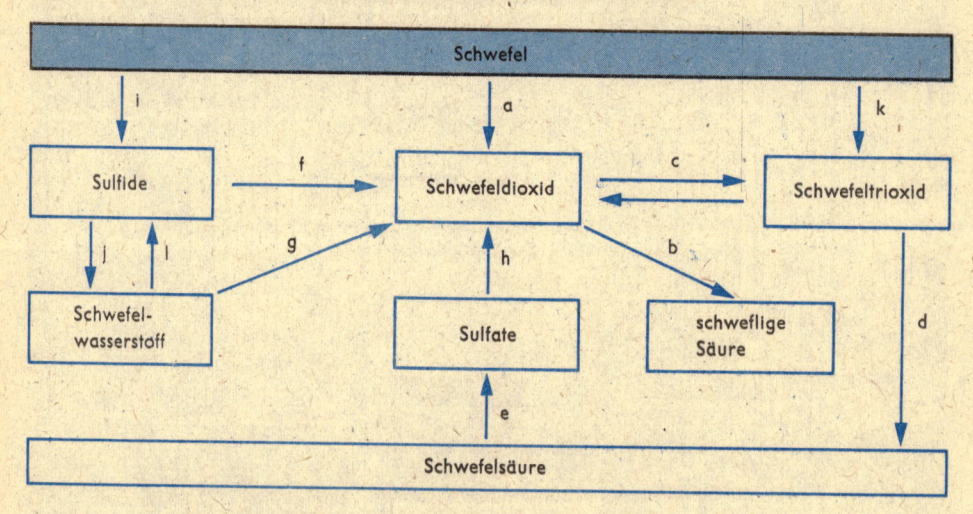

Betrachten Sie die Übersicht, und lösen Sie folgende Aufgaben!

1. Erläutern Sie die Bedeutung der aufgeführten Schwefelverbindungen!
2. Geben Sie die Formeln für die Schwefelverbindungen an!
   Bestimmen Sie jeweils die Oxydationszahl des Elements Schwefel!

① Begründen Sie, weshalb eine Temperaturerhöhung die Bildung von Schwefeltrioxid bei der katalytischen Oxydation von Schwefeldioxid ungünstig beeinflußt!

② Erläutern Sie die Arbeitsweise des Kontaktapparats und den Wärmeaustausch bei der Herstellung von Schwefeltrioxid (↗ Abb. 32, S. 61)!

③ Was versteht man unter kontinuierlicher Arbeitsweise?

④ Warum ist es notwendig, die Emission von Schwefeldioxid aus Industrieanlagen einzuschränken?

⑤ Berechnen Sie das Volumen an Schwefeldioxid in Kubikmetern, das zur Herstellung von 2000 t Schwefeltrioxid erforderlich ist!

3. Entwickeln und interpretieren Sie die chemischen Gleichungen für die chemischen Reaktionen, die vom Schwefel zur Schwefelsäure führen: a), c) und d)! Welche der chemischen Reaktionen sind Redoxreaktionen? Begründen Sie Ihre Antwort!

4. Erläutern Sie die gegenseitige Stoffumwandlung von Schwefeldioxid und Schwefeltrioxid c) als temperatur- und druckabhängiges chemisches Gleichgewicht!

5. Welche zentrale Bedeutung kommt der chemischen Reaktion c) zu? Begründen Sie Ihre Antwort!

6. Welche chemischen Reaktionen werden zur Herstellung von Schwefeldioxid genutzt?

7. Erläutern Sie die Bedeutung von Kalziumsulfat für die Herstellung von Schwefelsäure! Betrachten Sie dazu die chemischen Reaktionen h), c) und d)!

*8. Bei welchem Verfahren zur Herstellung von Schwefeldioxid erhält man je Tonne Ausgangsstoff das größte Volumen an Schwefeldioxid? Führen Sie dazu für die chemischen Reaktionen a), h) und f) (bei Einsatz von Pyrit als Sulfid) entsprechende Berechnungen aus!

9. Beschreiben Sie die chemischen Reaktionen, die der Herstellung von Schwefelsäure zugrunde liegen! Erläutern Sie das Kontaktverfahren!

*10. Stellen Sie für die chemischen Reaktionen a) bis l) die chemischen Gleichungen (als Sulfid dient Eisen(II)-sulfid und als Sulfat Magnesiumsulfat) zusammen! Erläutern Sie die volkswirtschaftliche Bedeutung der wichtigsten chemischen Reaktionen!

Aufgaben zur Festigung 28

1. Vergleichen Sie den Bau der Atome von Schwefel und Stickstoff (↗ ChiÜb)!
2. Stellen Sie für die beiden Oxide des Schwefels in einer Übersicht folgende Angaben zusammen: Name des Oxids, Formel, Oxydationszahl des Elements Schwefel, Wertigkeit des Elements Schwefel gegenüber dem Element Sauerstoff, Formel der Säure, die das Oxid durch chemische Reaktion mit Wasser bildet!
3. Erläutern Sie an der umkehrbaren chemischen Reaktion
   $2 SO_2 + O_2 \rightleftarrows 2 SO_3; \quad Q = -198\ kJ$
   a) die Merkmale des chemischen Gleichgewichts,
   b) die Eigenschaften eines Katalysators,
   c) die Abhängigkeit des chemischen Gleichgewichts von Veränderungen der Reaktionsbedingungen!
4. Für das Rösten von Pyrit gilt die chemische Gleichung:
   $4\ FeS_2 + 11\ O_2 \longrightarrow 8\ SO_2 + 2\ Fe_2O_3$
   Bestimmen Sie Oxydationsmittel und Reduktionsmittel! Erläutern Sie die Teilreaktionen Oxydation und Reduktion!

5. Geben Sie einen Gesamtüberblick über die Herstellung von Schwefelsäure! Gliedern Sie Ihre Ausführungen! Gehen Sie von der Bedeutung der Schwefelsäure aus! Beachten Sie dabei, daß das Kontaktverfahren nur ein Teil des Gesamtprozesses zur Herstellung von Schwefelsäure ist!
6. Zwei Reagenzgläser enthalten verschiedene Lösungen. Es ist nachzuweisen, welche der Lösungen Sulfat-lonen und welche Chlorid-lonen enthält. Beschreiben Sie Ihr Vorgehen! Entwickeln Sie für die Nachweise chemische Gleichungen in verkürzter Ionenschreibweise! Vergleichen Sie beide Nachweisreaktionen!
7. Drei Lösungen liegen vor: verdünnte Schwefelsäure, verdünnte Chlorwasserstoffsäure, Natriumsulfatlösung. Es ist die verdünnte Schwefelsäure herauszufinden. Beschreiben Sie Ihr Vorgehen! Deuten Sie mögliche Ergebnisse von Experimenten zu Nachweisreaktionen!
8. Ein fester, in Wasser kaum löslicher Stoff ist als Sulfid zu identifizieren. Überlegen Sie sinngemäß zum Nachweis von Karbonat (Feststoff) über freigesetztes Kohlendioxid und Ausfällung von Karbonat-Ionen durch ein Nachweismittel eine Möglichkeit des Vorgehens!
9. Berechnen Sie, welche Masse 96%ige Schwefelsäure aus 204 t Anhydrit herstellbar ist!
10. Betrachten Sie die Übersicht!

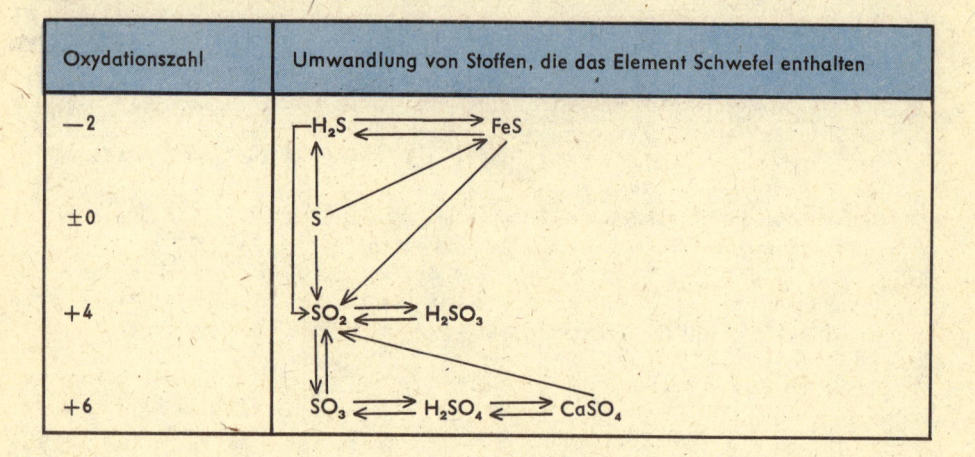

Oxydationszahl	Umwandlung von Stoffen, die das Element Schwefel enthalten
−2	$H_2S \rightleftarrows FeS$
±0	S
+4	$SO_2 \rightleftarrows H_2SO_3$
+6	$SO_3 \rightleftarrows H_2SO_4 \rightleftarrows CaSO_4$

a) Erbringen Sie den Nachweis, daß die chemischen Reaktionen, die die Umwandlungen der Stoffe in der Übersicht von oben nach unten und umgekehrt von unten nach oben darstellen, Redoxreaktionen sind!
b) Entwickeln Sie für die chemischen Reaktionen, die vom Schwefel zu Schwefelwasserstoff, die vom Schwefel zu Sulfiden, die vom Schwefel zu Schwefeldioxid führen, die chemischen Gleichungen! Weisen Sie nach, daß es sich dabei um Redoxreaktionen handelt!
c) Erläutern Sie die chemische Reaktion von Schwefeldioxid mit Sauerstoff zu Schwefeltrioxid als Redoxreaktion sowie als umkehrbare chemische Reaktion mit Einstellung eines chemischen Gleichgewichts!
d) Formulieren Sie Wortgleichungen für die Bildung von Schwefeldioxid (6 Möglichkeiten entsprechend der Übersicht)!
e) Beschreiben Sie anhand der Übersicht großtechnisch genutzte Möglichkeiten zur Herstellung von Schwefeldioxid! Werten Sie die chemisch-technischen Verfahren unter ökonomischen Gesichtspunkten!

Systematisierung und Praktikum zur chemischen Reaktion

In der chemischen Industrie laufen chemische Reaktionen bei der Herstellung von Stoffen und bei der Umwandlung von Energie ab. Dem Nachweis von Stoffen liegen oft chemische Reaktionen zugrunde. In Laboratorien der chemischen Industrie, der Landwirtschaft und der Forschungsinstitute werden chemische Reaktionen genutzt, um beispielsweise den Ablauf der Produktion, die Qualität der Ausgangsstoffe und der Erzeugnisse oder den Nährstoffbedarf des Bodens zu prüfen. Eine wesentliche Aufgabe der Wissenschaft Chemie ist die Aufklärung gesetzmäßiger Zusammenhänge beim Ablauf chemischer Reaktionen. Experimente werden eingesetzt, um bestimmte Erscheinungen feststellen zu können und wissenschaftlich begründete Vermutungen zu überprüfen.

Die Wiederholung und Systematisierung wesentlicher Kenntnisse über chemische Reaktionen wird mit der Durchführung von Experimenten verbunden. Dabei sollen Sie die Experimente weitgehend selbständig planen, durchführen, beobachten und auswerten.

Der Ablauf eines Experiments muß genau beobachtet werden. Die wichtigsten Angaben zur Aufgabenstellung, zur Durchführung, zu den Beobachtungen und den Ergebnissen werden in einem Protokoll festgehalten.

Chemische Reaktion als Stoffumwandlung   29

Unterscheidung von Ausgangsstoffen und Reaktionsprodukten

Alle chemischen Reaktionen sind Stoff- und Energieumwandlungen. In der chemischen Industrie werden Rohstoffe in Chemieprodukte umgewandelt. In Forschungslaboratorien wird ständig an der Herstellung neuer Stoffe gearbeitet. Überall sind durch chemische und physikalische Untersuchungen Ausgangsstoffe und Reaktionsprodukte zu unterscheiden und Stoffe zu identifizieren. Diese Unterscheidung ist dann besonders schwierig, wenn Stoffe in mehreren Eigenschaften übereinstimmen. Deshalb ist es häufig notwendig, unterschiedliche Untersuchungsmethoden anzuwenden oder mehrere Verfahren miteinander zu kombinieren.

Unterscheidung durch Vergleich physikalischer Eigenschaften. Einige physikalische Eigenschaften, wie Aggregatzustand, Farbe und Geruch, können unmittelbar mit den Sinnesorganen festgestellt werden (Übersicht 13).

Übersicht 13 Unterscheidung der physikalischen Eigenschaften von Schwefel und Schwefeldioxid

Physikalische Eigenschaften	Schwefel	Schwefeldioxid
Aggregatzustand bei 20 °C, 0,1 MPa	fest	gasförmig
Farbe	gelb	farblos
Geruch	geruchlos	stechend

38 Magnesium wird oxydiert. Vergleichen Sie das Magnesium mit dem Reaktionsprodukt!

39 Eine kleine Probe Kupfer(II)-oxid wird mit verdünnter Chlorwasserstoffsäure versetzt und erwärmt. Vergleichen Sie Kupfer(II)-oxid mit der entstehenden Kupferverbindung! ①

Andere physikalische Eigenschaften, wie Dichte, Siedetemperatur und elektrische Leitfähigkeit, können nur mit Hilfe von Meßgeräten und anderen Hilfsmitteln festgestellt werden (Übersicht 14).

Übersicht 14 Unterscheidung der physikalischen Eigenschaften von Eisen und Eisen(III)-chlorid

Physikalische Eigenschaften	Eisen	Eisen(III)-chlorid
Dichte	7,86 g · cm^{-3}	2,80 g · cm^{-3}
Schmelztemperatur	1 537 °C	304 °C
Siedetemperatur	2 730 °C	319 °C
Löslichkeit in Wasser	unlöslich	löslich
Magnetismus	magnetisch	unmagnetisch
Elektrische Leitfähigkeit	leitend	nicht leitend

40 Je zwei Spatelspitzen Kalziumkarbonat beziehungsweise Kalziumchlorid werden mit je 5 ml Wasser geschüttelt. Begründen Sie das unterschiedliche Ergebnis Ihrer Untersuchung!

41 Entscheiden Sie durch Ermittlung der Siedetemperatur, ob eine Probe Methanol oder Äthanol vorliegt! **Vorsicht!** Beide Alkanole sind brennbar! Methanol ist giftig! ②

Unterscheidung durch Vergleich chemischer Eigenschaften. Chemische Eigenschaften von Stoffen sind an typischen chemischen Reaktionen erkennbar (Übersicht 15).

Übersicht 15 Unterscheidung der chemischen Eigenschaften von Kohlenmonoxid und Kohlendioxid

Chemische Eigenschaften	Kohlenmonoxid	Kohlendioxid
Brennbarkeit	brennt mit bläulicher Flamme	nicht brennbar
Reaktion mit Kalziumhydroxidlösung	keine Reaktion	weißer Niederschlag von Kalziumkarbonat

42 Entscheiden Sie experimentell, ob es sich bei der Probe eines Gases um Stickstoff oder Sauerstoff handelt! Begründen Sie Ihr Vorgehen!

Die Ermittlung chemischer Eigenschaften führt vielfach nur zu Hinweisen auf das Vorliegen eines bestimmten Stoffes. Ein positiver Ausfall der chemischen Reaktion mit Fehlingscher Lösung zum Beispiel ist kein eindeutiger Nachweis für Stoffe mit einer Aldehydgruppe im Molekül, da auch andere Kohlenstoffverbindungen reduzierende Eigenschaften

① Wie können folgende Stoffe voneinander unterschieden werden: a) Kupfer(II)-sulfatlösung und verdünnte Schwefelsäure, b) Magnesium und festes Magnesiumsulfat, c) Stickstoff und Ammoniak, d) Kohlenstoff und Kohlendioxid, e) Chlor und Chlorwasserstoff?

② Wie können folgende Stoffe voneinander unterschieden werden: a) Äthanol, Äthansäure, Äthansäureäthylester und Wasser, b) Wasser und Methanol, c) Natriumchlorid und Glukose, d) Eisen und Kupfer?

③ Wie können folgende Stoffe voneinander unterschieden werden: a) Glukoselösung und Methanallösung, b) Benzen und Hexen, c) Ammoniumchlorid und Natriumchlorid, d) Natriumchloridlösung, Natriumsulfatlösung und verdünnte Schwefelsäure, e) Kaliumsulfid und Kaliumsulfat, f) Kalziumnitrat und Kalziumchlorid?

④ Wie läßt sich entscheiden, ob ein Gas a) Chlor oder Stickstoff, b) Wasserstoff oder Kohlendioxid, c) Ammoniak, Sauerstoff oder Kohlenmonoxid ist?

⑤* Bei der chemischen Reaktion von Barium mit Wasser entsteht ein brennbares Gas. Die entstehende Lösung färbt Unitest blau. Entwickeln Sie die chemische Gleichung!

⑥* Wird festes Ammoniumkarbonat im Reagenzglas erhitzt, so ist an der Glaswand ein Flüssigkeitsbeschlag zu erkennen. Das entweichende Gasgemisch färbt angefeuchtetes rotes Lackmuspapier blau und ergibt mit Kalkwasser eine weiße Fällung. Welche Stoffe sind entstanden?

haben. Eindeutige Aussagen sind nur bei Anwendung von Nachweisreaktionen möglich. Viele Ionen lassen sich durch Fällungs- oder Farbreaktionen eindeutig nachweisen (↗ Ch–SE 9/10, S. 46).

43 ▼ Oxydieren Sie eine Probe Magnesium! Schütteln Sie das Oxydationsprodukt mit Wasser! Setzen Sie einige Tropfen Unitestlösung zu! Entscheiden Sie, welches Reaktionsprodukt in der Lösung vorliegt! ③

Ausgangsstoffe und Reaktionsprodukte bei chemischen Reaktionen lassen sich voneinander unterscheiden durch Vergleich		
physikalischer Eigenschaften	mit den Sinnesorganen	
	mit Meßgeräten und anderen Hilfsmitteln	
chemischer Eigenschaften	mittels unspezifischer Reaktionen	
	mittels Nachweisreaktionen	④⑤⑥

Ermittlung der Zusammensetzung eines Stoffes

Aus der Bildung bestimmter Reaktionsprodukte bei einer chemischen Reaktion ergeben sich oftmals Anhaltspunkte für die Zusammensetzung eines Ausgangsstoffes.

44 ▼ Äthanol wird mit erhitztem Kupfer(II)-oxid zur Reaktion gebracht (↗ Ch–SE 9/10, Experiment 16, S. 29). Aus den Reaktionsprodukten ist auf die Elemente Kohlenstoff und Wasserstoff in Äthanol zu schließen.

Aus dem Reaktionsprodukt Kohlendioxid kann auf das Element Kohlenstoff und aus dem Reaktionsprodukt Wasser auf das Element Wasserstoff als Bestandteile von Äthanol geschlossen werden.

Kennzeichnung der Stoffumwandlung durch chemische Gleichungen 30

Die chemische Gleichung kennzeichnet eine chemische Reaktion unter Verwendung chemischer Zeichen und unter Beachtung des Gesetzes von der Erhaltung der Masse. Die chemischen Zeichen für die Ausgangsstoffe und Reaktionsprodukte einer chemischen Reaktion können Tabellen entnommen (↗ TW 7–10) oder nach bestimmten Regeln abgeleitet werden (↗ ChiÜb).

1. Geben Sie die chemischen Zeichen für folgende Stoffe an:
   a) Kupfer, Zink, Silber, b) Sauerstoff, Wasserstoff, Chlor, Stickstoff, c) Aluminiumoxid, Kalziumhydroxid, Zinkphosphat, d) Phosphorsäure, Salpetersäure, e) Pent-1-in, Propanol, Butansäure! ①

Bei einer chemischen Reaktion ändert sich die Anzahl der Atome eines Elements nicht. Beim Ermitteln der Faktoren ist demzufolge zu beachten:
Die Anzahl der Atome eines Elements bei den Ausgangsstoffen und bei den Reaktionsprodukten ist gleich. ② ③ ④
Chemische Gleichungen können nach einer Handlungsanweisung entwickelt werden (↗ ChiÜb). Die chemische Gleichung ist richtig, wenn die chemischen Zeichen für die reagierenden Stoffe stimmen und für alle Elemente die Anzahl der Atome bei Ausgangsstoffen und Reaktionsprodukten gleich ist. ⑤
Aus der chemischen Gleichung ist nicht nur die Stoffumwandlung in bezug auf die Art der reagierenden Stoffe ersichtlich, sondern auch in bezug auf die umgesetzten Stoffmengen (↗ ChiÜb).

▶ **Chemische Gleichungen ermöglichen qualitative und quantitative Aussagen:**

Aussagen	$CaCO_3 + 2\ HCl \longrightarrow CaCl_2 + CO_2 + H_2O$
qualitative Aussage	Kalziumkarbonat und Chlorwasserstoffsäure reagieren zu Kalziumchlorid, Kohlendioxid und Wasser.
quantitative Aussage	z. B. $n_{CaCO_3} : n_{HCl} = 1 : 2$ $n_{HCl} : n_{CO_2} = 2 : 1$

Quantitative Betrachtung der Stoffumwandlung – Chemisches Rechnen 31

Stöchiometrische Rechnungen sind in der chemischen Industrie für die Planung der notwendigen Rohstoffe, für die Ermittlung des erreichbaren Produktionsergebnisses und für die Bereitstellung ausreichenden Transportraums von großer Bedeutung.
Die Stoffmengenverhältnisse kann man chemischen Gleichungen entnehmen.

■ Aus der chemischen Gleichung
$$3\ Mg + 2\ H_3PO_4 \longrightarrow Mg_3(PO_4)_2 + 3\ H_2$$
sind die Stoffmengenverhältnisse ablesbar, zum Beispiel
$n_{Mg} : n_{H_3PO_4} = 3 : 2$.

① Übertragen Sie folgende Übersicht in Ihr Arbeitsheft und ergänzen Sie!

Name	Propanol		Zinkphosphat	
Formel		CrO_3		C_3H_7COOH

② Ermitteln Sie die Faktoren:
a) $Cu_2O + Al \longrightarrow Cu + Al_2O_3$, b) $Zn + HNO_3 \longrightarrow Zn(NO_3)_2 + H_2$!

③* Ermitteln Sie die Faktoren:
a) $FeS_2 + O_2 \longrightarrow Fe_2O_3 + SO_2$, b) $NO_2 + H_2O + O_2 \longrightarrow HNO_3$,
c) $HNO_3 + Cu \longrightarrow Cu(NO_3)_2 + H_2O + NO_2$!

④ Ermitteln Sie die Faktoren:
a) $C_2H_5OH + O_2 \longrightarrow CH_3COOH + H_2O$, b) $C_4H_{10} + O_2 \longrightarrow CO_2 + H_2O$,
c) $CO + H_2 \longrightarrow CH_3OH$!

⑤ Entwickeln Sie nach der Handlungsanweisung (↗ ChiÜb) die chemischen Gleichungen für folgende Reaktionen: a) Oxydation von Aluminium, b) Reduktion von Kupfer(II)-oxid mit Wasserstoff, c) Oxydation von Propan zu Kohlendioxid und Wasser!

1. Geben Sie alle weiteren Stoffmengenverhältnisse für jeweils zwei reagierende Stoffe an!

Jeder Stoffmenge entspricht eine bestimmte Masse. Die Masse ist das Produkt aus der Stoffmenge n und der molaren Masse M:

$m = n \cdot M$

Jeder Stoff hat eine charakteristische molare Masse, die Tabellen entnommen werden kann (↗ TW 7–10).

2. Geben Sie die Definitionsgleichung und die Einheit der molaren Masse an!
3. Ermitteln Sie die molare Masse von a) Eisen, b) Schwefelsäure, c) Propanol, d) Blei(II)-sulfat (↗ TW 7–10)!

Jeder Stoffmenge entspricht auch ein bestimmtes Volumen. Das Volumen ist das Produkt aus der Stoffmenge n und dem molaren Volumen V_m:

$V = n \cdot V_m$

Für alle Gase gilt unter den Bedingungen des Normzustands angenähert

$V_m = 22{,}4 \ l \cdot mol^{-1}$.

4. Wie lautet die Definitionsgleichung des molaren Volumens?
5. Welches molare Volumen hat Kohlendioxid?

Beim Lösen stöchiometrischer Aufgaben ist zuerst eine allgemeine Lösung in Form einer Größengleichung anzugeben. Dabei gelten folgende Regeln:

▶ **Schreiben Sie den Quotienten aus der gesuchten und der gegebenen Größe auf!**
Vervollständigen Sie den Ansatz durch Anwendung der Beziehungen $m = n \cdot M$ beziehungsweise $V = n \cdot V_m$!

■ Die Masse des Stoffes A ist gesucht, die Masse des Stoffes B ist gegeben. Als Ansatz (allgemeine Lösung) ergibt sich:

$\dfrac{m_A}{m_B} = \dfrac{n_A \cdot M_A}{n_B \cdot M_B}$

6. Schreiben Sie jeweils den Ansatz zum stöchiometrischen Rechnen auf, wenn a) die Masse des Stoffes A gesucht, das Volumen des Stoffes B gegeben ist, b) das Volumen des Stoffes B gesucht, das Volumen des Stoffes A gegeben ist! ① ②

▼ 45
Eine genau eingewogene Probe Marmor ist mit verdünnter Chlorwasserstoffsäure zu versetzen. Das entstehende Volumen an Kohlendioxid wird gemessen und mit dem berechneten Volumen verglichen (↗ Ch–SE 7/8, Experiment 24, S. 42). Was können Sie über die Reinheit des Marmors aussagen? ③ ④ ⑤

Chemische Reaktion als Umbau chemischer Bindungen   32

Chemische Reaktionen sind Stoffumwandlungen, die sich oft unmittelbar beobachten lassen. Eine solche Stoffumwandlung hat ihre Ursache in Veränderungen der Teilchen der Stoffe. Stoffe sind aus Atomen, Ionen oder Molekülen aufgebaut. Zwischen diesen Teilchen liegen chemische Bindungen vor.

▶ **Bei allen chemischen Reaktionen kommt es zum Umbau chemischer Bindungen. Die chemischen Bindungen zwischen Teilchen der Ausgangsstoffe werden aufgespalten und neue chemische Bindungen unter Entstehung der Teilchen der Reaktionsprodukte ausgebildet.**

■ H—H + |Cl—Cl| ⟶ 2 H—Cl|
    Aufspaltung   Ausbildung
    der Atombindungen   neuer Atombindungen

So wie in diesem Beispiel erfolgt bei allen chemischen Reaktionen ein Umbau der chemischen Bindung. Es gibt chemische Reaktionen, bei denen sich auch die Art der chemischen Bindung zwischen den Teilchen verändert.

▼ 46
Vorsicht! Ein kleines, sorgfältig entrindetes Stückchen Natrium wird in einem Becher mit konzentrierter Chlorwasserstoffsäure zur Reaktion gebracht.

Arten chemischer Bindung

Ionenbeziehung, Atombindung und Metallbindung sind die Arten der chemischen Bindung.

1. Nennen Sie Merkmale der drei Bindungsarten!
2. Kennzeichnen Sie an einem Beispiel die polare Atombindung!

Zur Beurteilung, ob eine polare Atombindung vorliegt und wie stark die Polarisierung ist, wird die Differenz der Elektronegativitätswerte herangezogen.

3. Entscheiden Sie, welche der nachfolgenden Verbindungen die am stärksten polare Atombindung im Molekül aufweist a) Salzsäure HCl, b) Jodwasserstoffsäure HI!

Zwischen den Bindungsarten und einigen Eigenschaften der Stoffe bestehen Beziehungen.

4. Erläutern Sie an je einem Beispiel für jede Bindungsart solche Zusammenhänge (↗ ChÜb)!

Feste Stoffe bilden häufig Kristalle.

5. Nennen Sie die verschiedenen Arten von Kristallen! Geben Sie je ein Beispiel an! Nennen Sie die Teilchen, aus denen die Kristalle aufgebaut sind und die betreffende chemische Bindung (↗ ChÜb)!

① Zum aluminothermischen Schweißen werden 7,5 kg Eisen benötigt. Berechnen Sie die Masse an Eisen(II,III)-oxid Fe_3O_4, die mindestens mit Aluminium reagieren muß!

② Berechnen Sie das Volumen des Äthens (Normzustand), das zur Herstellung von 80 kg Äthanol benötigt wird!

③ Erläutern Sie die chemischen Grundlagen der Herstellung von Kalziumkarbid und die technische Bedeutung von Äthin! Welches Volumen an Äthin (Normzustand) entsteht aus 50 kg Kalziumkarbid, wenn vollständiger Umsatz angenommen wird?

④ Erläutern Sie die chemischen Grundlagen für die Herstellung von Äthanol aus Äthen! In welchem Massenverhältnis reagieren Äthen und Wasser?

⑤* In einem Experiment reagieren 2 g Magnesium mit verdünnter Chlorwasserstoffsäure. Der entweichende Wasserstoff soll quantitativ aufgefangen werden. Entscheiden Sie durch Berechnen, welches der folgenden Auffanggeräte verwendet werden kann:
a) Kolbenprober mit einem Volumen von 100 ml, b) Gasmeßglocke mit einem Volumen von 1 l, c) Gasometer mit einem Volumen von 3 l!

⑥ Entwickeln Sie die chemische Gleichung in Elektronenschreibweise für die chemische Reaktion zwischen Ammoniak und Wasser!

⑦ Entwickeln Sie die chemischen Gleichungen in Elektronenschreibweise für folgende chemische Reaktionen:
a) Synthese von Ammoniak, b) Methan + Chlor $\longrightarrow$ Chlormethan + Chlorwasserstoff!

⑧ Entwickeln Sie die chemischen Gleichungen für die Dissoziation von Magnesiumsulfat und von Natriumformiat $Na(HCOO)$ in wäßriger Lösung!

⑨ Entwickeln Sie die chemischen Gleichungen in verkürzter Ionenschreibweise:
a) $2 H^+ + SO_4^{2-} + Ca^{2+} + 2 Cl^- \longrightarrow CaSO_4 + 2 H^+ + 2 Cl^-$
b) $2 Na^+ + CO_3^{2-} + 2 H^+ + 2 NO_3^- \longrightarrow 2 Na^+ + 2 NO_3^- + H_2O + CO_2$!

Chemische Bindungen zwischen Kohlenstoffatomen können Einfachbindungen oder Mehrfachbindungen sein.

6. Stellen Sie je zwei Strukturformeln für Moleküle von organischen Verbindungen mit je einer Einfach- beziehungsweise Mehrfachbindung zwischen Kohlenstoffatomen auf! Nennen Sie Beziehungen zwischen diesen Bindungen und den Eigenschaften! Erklären Sie unterschiedliche chemische Eigenschaften von Benzen und Äthen (↗ ChiÜb)!

Schreibweisen chemischer Gleichungen

Kenntnisse über die chemische Bindung sind nötig, um den Umbau der chemischen Bindung bei chemischen Reaktionen zu erfassen und so wesentliche Merkmale der chemischen Reaktion zu verstehen. Um den Umbau chemischer Bindungen besser erkennen zu können, sind unterschiedliche Schreibweisen von chemischen Gleichungen möglich (Übersicht 16, S. 72).

▶ **In chemischen Gleichungen kann der Umbau von chemischen Bindungen durch Verwendung der Elektronenschreibweise, der Ionenschreibweise, von Strukturformeln und von Oxydationszahlen verdeutlicht werden.**

Für Hauptgruppenelemente kann die Anzahl der Außenelektronen aus der Stellung des Elements im Periodensystem der Elemente ermittelt werden. Ebenfalls aus dem Periodensystem der Elemente ist die Art und die Anzahl der elektrischen Ladungen für einfache Ionen ersichtlich. ⑥ ⑦ ⑧ ⑨

Übersicht 16   Schreibweisen der chemischen Gleichung

Schreibweise	
Elektronenschreibweise	H:N̈:H + H:C̈l̈: ⟶ [H:N̈:H / H]⁺ [C̈l̈:]⁻
ausführliche Ionenschreibweise	$2\,Na + 2\,H^+ + 2\,Cl^- \longrightarrow 2\,Na^+ + 2\,Cl^- + H_2$
verkürzte Ionenschreibweise	$2\,Na + 2\,H^+ \longrightarrow 2\,Na^+ + H_2$

Verwendung von Strukturformeln	H H H H H H H H H H
	| | | | | | | | | |
	C=C—C—C—C—H + H₂ ⟶ H—C—C—C—C—C—H
	     | | | | | | | | |
	     H H H H H H H H H

Verwendung vereinfachter Strukturformeln	$CH_2=CH-(CH_2)_2-CH_3 + H_2 \longrightarrow CH_3-(CH_2)_3-CH_3$
Angabe von Oxydationszahlen	$\overset{+2\ -2}{CuO} + \overset{\pm 0}{H_2} \longrightarrow \overset{\pm 0}{Cu} + \overset{+1\ -2}{H_2O}$ ① ② ③

Chemische Reaktion als Energieumwandlung   33

Energieumwandlung. Jede chemische Reaktion ist mit Energieumwandlungen verbunden. Bei vielen chemischen Reaktionen wird ein Teil der chemischen Energie der Ausgangsstoffe in andere Energiearten umgewandelt. Dabei erfolgt eine Umwandlung von chemischer Energie der Ausgangsstoffe in thermische Energie der Umgebung. Bei diesen chemischen Reaktionen wird Wärme abgegeben, Licht ausgesendet oder Arbeit verrichtet. Es ist auch möglich, daß bei chemischen Reaktionen chemische Energie in elektrische Energie umgewandelt wird. Solche chemischen Reaktionen laufen in einer Monozelle oder im Akkumulator ab.

Bei anderen chemischen Reaktionen wird thermische Energie der Umgebung in chemische Energie der Reaktionsprodukte umgewandelt. Je nachdem, ob die Energie der Ausgangsstoffe bei einer chemischen Reaktion größer oder kleiner ist als die Energie der Reaktionsprodukte, wird zwischen exothermen und endothermen Reaktionen unterschieden. ④

1. Vergleichen Sie die Energie der Ausgangsstoffe mit der Energie der Reaktionsprodukte
   a) bei exothermen Reaktionen, b) bei endothermen Reaktionen!

Angabe der Reaktionswärme in der chemischen Gleichung. Die Reaktionswärme Q für chemische Reaktionen, die nur mit Wärmeabgabe oder Wärmeaufnahme verlaufen, ergibt sich aus der Differenz der Energie der Reaktionsprodukte E_R und der Energie der Ausgangsstoffe E_A: $Q = E_R - E_A$.

① Entwickeln Sie die chemische Gleichung in verkürzter Ionenschreibweise für die chemische Reaktion zwischen verdünnter Salpetersäure und Natriumhydroxidlösung!

②* Entwickeln Sie für folgende chemische Reaktionen die chemischen Gleichungen in verkürzter Ionenschreibweise! Beachten Sie, daß einige Reaktionsprodukte in Lösung vorliegen!
a) Kohlendioxid und Wasser, Natrium und Wasser;
b) Zink und verdünnte Schwefelsäure, Kupfer(II)-oxid und verdünnte Salpetersäure, Kaliumhydroxidlösung und verdünnte Äthansäure;
c) Bariumchloridlösung und Kupfer(II)-sulfatlösung, Blei(II)-nitratlösung und Natriumsulfidlösung.

③ Entwickeln Sie für die chemische Reaktion zwischen Propen und Brom eine chemische Gleichung unter Verwendung vereinfachter Strukturformeln!

④ Erläutern Sie, wie bei der Photosynthese durch Energieumwandlung chemische Energie in den entstehenden Stoffen gespeichert wird (↗ LB Bio 9)!

⑤ Begründen Sie den Einsatz von Äthin als Schweißgas!

⑥ Berechnen Sie die abgegebene Wärme bei der Herstellung von 11,2 l Äthin (Normzustand):
$CaC_2 + 2 H_2O \longrightarrow C_2H_2 + Ca(OH)_2$; $Q = -146$ kJ!

⑦* Welche der folgenden Massen an Eisen und Schwefel stehen im stöchiometrischen Verhältnis:
a) 6,4 g Schwefel und 11,2 g Eisen, b) 16 g Schwefel und 56 g Eisen?

⑧ Woran ist im Experiment 47 zu erkennen, daß die chemische Reaktion eine exotherme Reaktion ist?

Die Reaktionswärme wird getrennt von der chemischen Gleichung angegeben:

$$CaC_2 + 2 H_2O \longrightarrow C_2H_2 + Ca(OH)_2; \quad Q = -146 \text{ kJ}$$

Aus dem Vorzeichen ist ersichtlich, daß es sich um eine exotherme Reaktion handelt, es wird Wärme abgegeben. Der Betrag von 146 kJ bezieht sich auf die in der chemischen Gleichung ausgewiesenen Stoffmengen, also auf die Reaktion von 1 mol Kalziumkarbid mit 2 mol Wasser. ⑤⑥

47 ▼ Eisen(II)-sulfid wird durch Reaktion von Schwefel mit Eisen dargestellt (↗ Ch–SE 9/10, Experiment 13, S. 24).

Exotherme chemische Reaktionen.
Die chemische Reaktion von Schwefel mit Eisen ist eine exotherme Reaktion. Die Energie der Ausgangsstoffe ist größer als die Energie der Reaktionsprodukte (Abb. 33). ⑦⑧

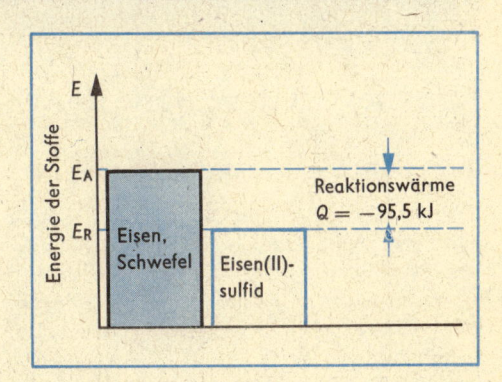

Abb. 33 Energiediagramm zur chemischen Reaktion von Schwefel mit Eisen

Bei der Verbrennung von Kohle, Erdgas oder Erdölbestandteilen erfolgt eine Umwandlung von chemischer Energie in thermische Energie. Viele chemisch-technische Verfahren sind exotherme Reaktionen, wie die Synthesen von Ammoniak und Methanol sowie die Oxydation von Schwefeldioxid.

2. Bei der Ammoniaksynthese und beim Kontaktverfahren laufen exotherme Reaktionen ab.
   a) Entwickeln Sie die chemischen Gleichungen mit Angabe der Reaktionswärme (↗ ChiÜb)!
   b) Welche technischen Maßnahmen sind erforderlich, um eine konstante Reaktionstemperatur einzuhalten?

48 ▼

> **Vorsicht!** Kaliumpermanganat wird in einem Reagenzglas erhitzt. Es ist zu beobachten, in welcher Weise die Sauerstoffentwicklung von der Stärke des Erhitzens abhängt.

Endotherme chemische Reaktionen. Bei chemisch-technischen Verfahren, wie der Herstellung von Eisen im Hochofen, von Branntkalk und von Kalziumkarbid, laufen endotherme Reaktionen ab (Abb. 34). Da oft mehr als die Hälfte der Kosten auf die Bereitstellung von Energie entfällt, ist es wichtig, durch technologische Verbesserungen Energie einzusparen. ① ②

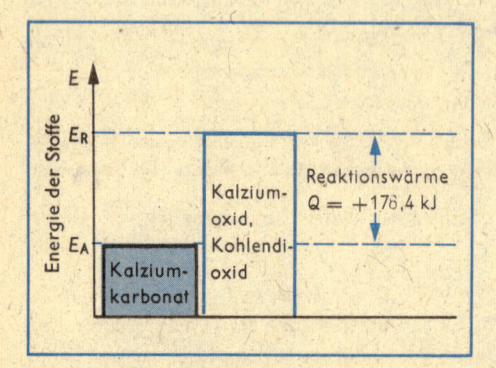

Abb. 34 Energiediagramm zur Herstellung von Branntkalk

Bei der Herstellung von Mischgas im Winkler-Generator wird die exotherme Reaktion der Oxydation des Kohlenstoffs mit der endothermen Reaktion zwischen Kohlenstoff und Kohlendioxid beziehungsweise der zwischen Kohlenstoff und Wasserdampf gekoppelt (↗ ChiÜb). ③

Komplexe Betrachtung der chemischen Reaktion **34**

Merkmale chemischer Reaktionen

Jede chemische Reaktion ist gekennzeichnet durch eine Stoffumwandlung, verbunden mit einer Energieumwandlung, sowie durch den Umbau chemischer Bindungen, verbunden mit einer Veränderung der Teilchen (Übersicht 17). ④
In der chemischen Industrie kommt es darauf an, die Rohstoffe (Ausgangsstoffe) in möglichst kurzer Zeit und möglichst vollständig in Chemieprodukte (Reaktionsprodukte) umzuwandeln.
Sind die Bedingungen bekannt, unter denen chemische Reaktionen ablaufen, so kann durch geeignete Maßnahmen Einfluß auf den Reaktionsverlauf genommen werden.
Gelingt es beispielsweise, die Reaktionsgeschwindigkeit zu erhöhen, so kann in der gleichen Zeit mehr produziert werden. Auch das Herabsetzen der Reaktionsgeschwindigkeit kann von volkswirtschaftlichem Nutzen sein. Durch Aufbewahren im Kühlschrank werden Lebensmittel vor dem Verderben bewahrt.

① Erläutern Sie am Beispiel der Herstellung von a) Branntkalk, b) Ammoniak, c) Schwefeltrioxid, wie bei chemisch-technischen Verfahren Energie rationell eingesetzt wird!

② Begründen Sie die verwendeten Vorzeichen für die Reaktionswärmen (Abb. 33, 34)!

③* Gegeben ist die chemische Gleichung

$2\,CaSO_4 + C \longrightarrow 2\,CaO + CO_2 + 2\,SO_2;\quad Q = +544\,kJ!$

a) Welche Masse an Kalziumoxid entsteht bei der chemischen Reaktion von 40 t Kalziumsulfat bei vollständigem Stoffumsatz?
b) Welches Volumen an Schwefeldioxid (Normzustand) entsteht dabei?

④ Erläutern Sie die Stoffumwandlung, Energieumwandlung, den Umbau chemischer Bindungen und die Veränderung der Teilchen an folgenden chemischen Reaktionen:

a) $2\,H_2 + O_2 \longrightarrow 2\,H_2O;\quad Q = -571{,}8\,kJ,$ b) $N_2 + O_2 \longrightarrow 2\,NO;\quad Q = +90{,}4\,kJ!$

Übersicht 17 Merkmale der Reaktion zwischen Wasserstoff und Joddampf zu Jodwasserstoff

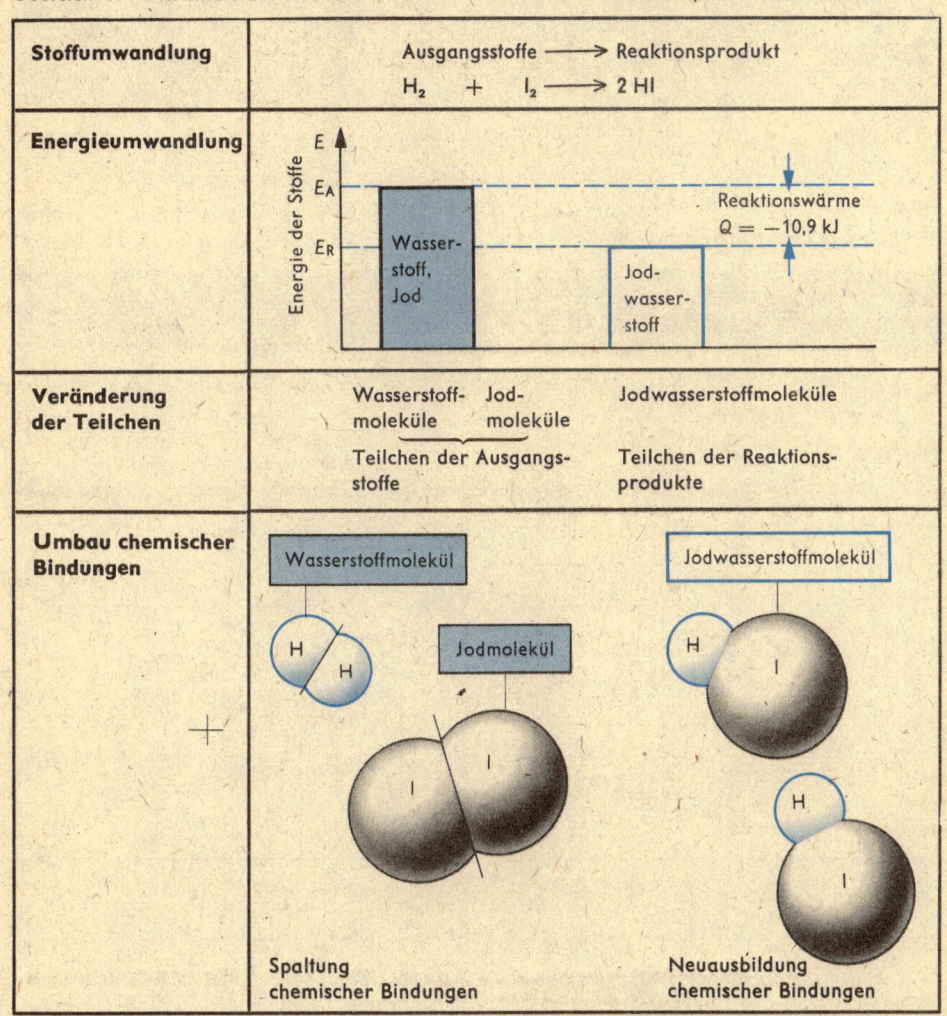

Stoffumwandlung	Ausgangsstoffe ⟶ Reaktionsprodukt $H_2 + I_2 \longrightarrow 2\,HI$
Energieumwandlung	Energiediagramm: E_A (Wasserstoff, Jod), E_R (Jodwasserstoff), Reaktionswärme $Q = -10{,}9\,kJ$
Veränderung der Teilchen	Wasserstoff- Jod- moleküle moleküle Jodwasserstoffmoleküle Teilchen der Ausgangsstoffe Teilchen der Reaktionsprodukte
Umbau chemischer Bindungen	Wasserstoffmolekül + Jodmolekül (Spaltung chemischer Bindungen) Jodwasserstoffmolekül (Neuausbildung chemischer Bindungen)

Reaktionsgeschwindigkeit

Chemische Reaktionen verlaufen bei gleicher Temperatur unterschiedlich schnell. Die Substitution von Wasserstoffatomen durch Bromatome bei Alkanen gehört zu den langsam verlaufenden Reaktionen. Dagegen erfolgt die Fällung von Silberchlorid beim Nachweis von Chlorid-Ionen sehr schnell. ① ② ③

▶ **Unter der Reaktionsgeschwindigkeit versteht man die Konzentrationsänderung eines an der chemischen Reaktion beteiligten Stoffes in der dazu benötigten Zeit:**

$$v = \frac{\Delta c}{\Delta t}$$

Die Reaktionsgeschwindigkeit ist beeinflußbar durch Änderung von Konzentration (Druck) und Temperatur sowie durch den Einsatz von Katalysatoren.
Die Erhöhung der Konzentration bewirkt eine Erhöhung der Reaktionsgeschwindigkeit (Abb. 35).

49 ▼ Die Reaktionsgeschwindigkeit der chemischen Reaktion von Eisen mit verdünnter Chlorwasserstoffsäure bei verschiedenen Konzentrationen der Säurelösungen wird verglichen (↗ Ch–SE 9/10, Experiment 17, S. 30).

1. Schwefel verbrennt in reinem Sauerstoff viel heftiger als in der Luft. Erklären Sie diesen Sachverhalt! ④

Einer Erhöhung der Temperatur um 10 K entspricht eine Verdopplung bis Verdreifachung der Reaktionsgeschwindigkeit.

50 ▼ Die Reaktion von Eisen mit verdünnter Chlorwasserstoffsäure wird bei verschiedenen Temperaturen quantitativ untersucht.

2. Bestätigen Sie durch Auswerten der Abbildung 36, daß die Reaktionsgeschwindigkeit von der Temperatur abhängt!

Eine Temperaturerhöhung bewirkt eine Erhöhung der Reaktionsgeschwindigkeit.
Katalysatoren beschleunigen den Reaktionsverlauf, da sie instabile Zwischenverbindungen

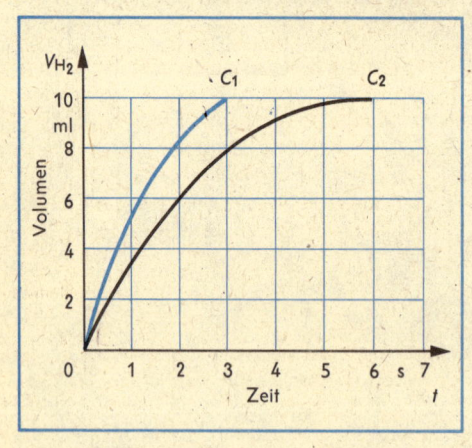

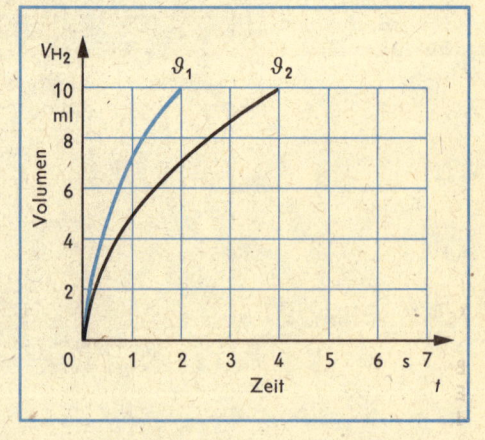

Abb. 35 Abhängigkeit der Reaktionsgeschwindigkeit von der Konzentration, $c_1 > c_2$ ϑ = konst.

Abb. 36 Abhängigkeit der Reaktionsgeschwindigkeit von der Temperatur, $\vartheta_1 > \vartheta_2$ c = konst.

① Entwickeln Sie chemische Gleichungen für Substitutionsreaktionen der Alkane!

② Gehört das Rosten des Eisens zu den schnell oder langsam verlaufenden chemischen Reaktionen?

③ Nennen Sie chemische Reaktionen, die a) mit geringer, b) mit hoher Reaktionsgeschwindigkeit verlaufen!

④ Erklären Sie die Abhängigkeit der Reaktionsgeschwindigkeit von der Konzentration der Ausgangsstoffe mit den beteiligten Teilchen der Stoffe!

⑤ Nennen Sie chemisch-technische Verfahren zur Herstellung anorganischer und organischer Stoffe, bei denen Katalysatoren eingesetzt werden!

⑥ Nennen Sie Beispiele für die Wirkung von Katalysatoren bei physiologischen Vorgängen!

⑦ Entwickeln Sie für folgende umkehrbare chemische Reaktionen die chemischen Gleichungen:
a) Hydrierung und Dehydrierung eines Kohlenwasserstoffs, b) Dissoziation eines Salzes und Fällung als Ionenkristall, c) Bildung und Hydrolyse eines Esters!

---

bilden. Für diesen Reaktionsverlauf über die instabile Zwischenverbindung wird eine geringere Aktivierungsenergie benötigt. Katalysatoren sind wieder verwendbar und zeichnen sich durch selektive Wirkung aus. ⑤ ⑥

51 ▼

Vorsicht! Kaliumdichromat wird zu Wasserstoffperoxidlösung gegeben. Das entstehende Gas ist nachzuweisen.

3. Entwickeln Sie die chemische Gleichung für die chemische Reaktion von Experiment 51! Erläutern Sie die Wirkungsweise des Katalysators bei dieser Reaktion!

Chemisches Gleichgewicht

Viele chemische Reaktionen verlaufen unvollständig und sind umkehrbar. Umkehrbare chemische Reaktionen führen in geschlossenen Gefäßen zu einem chemischen Gleichgewicht. Dieses dynamische Gleichgewicht ist bei gegebenen Reaktionsbedingungen dadurch gekennzeichnet, daß sich die Konzentrationen aller Stoffe nicht mehr ändern und die Hinreaktion mit der gleichen Geschwindigkeit abläuft wie die Rückreaktion. ⑦

52 ▼

An der Bildung und Hydrolyse des Äthansäureäthylesters werden wesentliche Merkmale eines chemischen Gleichgewichts untersucht (↗ Ch–SE 9/10, Experiment 18, S. 32).

Bei chemischen Reaktionen, die zu einem chemischen Gleichgewicht führen, wird die Reaktionsgeschwindigkeit durch Erhöhung der Konzentration und der Temperatur größer. Durch den Einsatz eines Katalysators verringert sich die Einstellzeit des chemischen Gleichgewichts. Die Zusammensetzung des Stoffgemisches im Gleichgewicht läßt sich unter bestimmten Bedingungen so beeinflussen, daß möglichst viel des gewünschten Reaktionsprodukts vorliegt. Das chemische Gleichgewicht ist immer von der Temperatur abhängig. Da sich eine Temperaturänderung auf Hin- und Rückreaktion unterschiedlich auswirkt, kann durch Einhalten einer günstigen Reaktionstemperatur der Anteil des gewünschten Stoffes erhöht werden.

Bei der exothermen Reaktion der Ammoniaksynthese führt eine Temperaturerniedrigung zu einer Erhöhung des Volumenanteils an Ammoniak im chemischen Gleichgewicht. Da jedoch gleichzeitig die Reaktionsgeschwindigkeit jeder chemischen Reaktion durch Temperaturerniedrigung kleiner wird und ein Katalysator erst oberhalb einer bestimmten Temperatur wirksam wird, gibt es für die angestrebte Temperaturerniedrigung eine Grenze. Die Ammoniaksynthese verläuft bei 450 ··· 550 °C.

Chemische Reaktionen mit Gasen, die unter Volumenänderung verlaufen, sind zusätzlich durch eine Druckänderung beeinflußbar. Dadurch kann der Anteil des gewünschten Stoffes ebenfalls erhöht werden.

■ Bei der Ammoniaksynthese, die unter Volumenabnahme verläuft, führt eine Druckerhöhung zu einem höheren Volumenanteil an Ammoniak. Aus technischen und ökonomischen Gründen ist der Druckerhöhung eine obere Grenze gesetzt. Die Ammoniaksynthese wird meist bei einem Druck von 35 MPa durchgeführt.

Bei umkehrbaren chemischen Reaktionen läßt sich der Anteil des gewünschten Stoffes noch dadurch erhöhen, daß ein Ausgangsstoff im Überschuß eingesetzt beziehungsweise ein Reaktionsprodukt aus dem Reaktionsraum entfernt wird (Übersicht 18). ① ② ③ ④ ⑤

Übersicht 18 Möglichkeiten zur Beeinflussung umkehrbarer chemischer Reaktionen

Angewendete Gesetzmäßigkeit	■
Temperaturerhöhung begünstigt endotherme chemische Reaktionen. **Temperaturerniedrigung** begünstigt exotherme chemische Reaktionen.	$CaCO_3 \rightleftarrows CaO + CO_2; \quad Q = +178{,}4\ kJ$ $2\,SO_2 + O_2 \rightleftarrows 2\,SO_3; \quad Q = -198\ kJ$
Druckerhöhung begünstigt chemische Reaktionen, die unter Volumenabnahme verlaufen. **Druckerniedrigung** begünstigt chemische Reaktionen, die unter Volumenzunahme verlaufen.	$N_2 + 3\,H_2 \rightleftarrows 2\,NH_3; \quad V_A : V_R = 2:1$ $V_A > V_R$ $CO_2 + C \rightleftarrows 2\,CO; \quad V_A : V_R = 1:2$ $V_A < V_R$
Konzentrationserhöhung eines Ausgangsstoffes begünstigt die chemische Reaktion, bei der der Ausgangsstoff verbraucht wird. **Konzentrationserniedrigung** eines Reaktionsprodukts begünstigt die chemische Reaktion, bei der das Reaktionsprodukt entsteht.	$CO + 2\,H_2 \rightleftarrows CH_3OH;$ $V_{CO} : V_{H_2} = 1 : 2{,}2$ Volumenverhältnis in der chemischen Produktion $CH_3COOH + C_2H_5OH \rightleftarrows CH_3COOC_2H_5 + H_2O;$ Entzug von Wasser aus dem Stoffgemisch durch Zusatz von konzentrierter Schwefelsäure

Arten chemischer Reaktionen

Gegenwärtig sind einige Millionen Stoffe bekannt. Mit jedem dieser Stoffe können verschiedene chemische Reaktionen durchgeführt werden. Die vielen chemischen Reaktionen lassen sich aber nach einheitlichen Gesichtspunkten wenigen Arten chemischer Reaktionen zuordnen.

Für chemische Reaktionen mit anorganischen und organischen Stoffen gelten gleiche Gesetzmäßigkeiten. Es ist üblich, chemische Reaktionen mit anorganischen Stoffen vorwiegend nach der Umordnung von Ionen und Elektronen zu beurteilen. Es werden Fällungsreaktionen, Redoxreaktionen und Reaktionen mit Protonenübergang unterschieden (Übersicht 19). Reaktionen mit organischen Stoffen unterteilt man in Additionsreaktion, Eliminierungsreaktion und Substitutionsreaktion (Übersicht 19). Diese Reaktionsarten unterscheiden sich in der Art und Weise der Umordnung von Atomen (Vereinigung bezie-

① Werten Sie die Abbildung über den Volumenanteil an Ammoniak im Gasgemisch hinsichtlich des Einflusses der Temperatur auf das chemische Gleichgewicht aus (↗ Abb. 11, S. 28)!

② Erläutern Sie Druck- und Temperaturabhängigkeit folgender umkehrbarer chemischer Reaktionen:
a) $2 SO_2 + O_2 \rightleftarrows 2 SO_3$; $Q = -198$ kJ, b) $CO + 2 H_2 \rightleftarrows CH_3OH$; $Q = -90,5$ kJ,
c) $C_2H_6 \rightleftarrows C_2H_4 + H_2$; $Q = +125$ kJ!

③ Ermitteln und begründen Sie günstige Reaktionsbedingungen für einen möglichst hohen Umsatz an Ausgangsstoffen bei folgenden umkehrbaren chemischen Reaktionen:
a) $CO + H_2O_{Dampf} \rightleftarrows CO_2 + H_2$; $Q = -41$ kJ, b) $C_2H_4 + H_2 \rightleftarrows C_2H_6$; $Q = -125$ kJ!

④ Welche Konzentrationsänderungen einzelner Stoffe begünstigen bei folgenden umkehrbaren chemischen Reaktionen die Hinreaktion:
a) $CO + H_2O_{Dampf} \rightleftarrows CO_2 + H_2$, b) $NH_4^+ + OH^- \rightleftarrows NH_3 + H_2O$!

⑤ Bei der technischen Durchführung der Ammoniaksynthese entstehen aus 1 m³ Stickstoff (Normzustand) angenähert 0,34 m³ Ammoniak (Normzustand). Berechnen Sie, welches Volumen an Ammoniak (Normzustand) aus 1 m³ Stickstoff bei vollständigem Umsatz des Stickstoffs entstehen könnte!

hungsweise Anlagerung, Abspaltung, Austausch). Es ist möglich, einzelne chemische Reaktionen verschiedenen Arten chemischer Reaktionen zuzuordnen.

Übersicht 19 Merkmale von Arten chemischer Reaktionen

Reaktionsart	Merkmal	
Fällungsreaktion	Ionen in der Lösung bilden Kristalle eines schwerlöslichen Stoffs	$Ag^+ + Cl^- \longrightarrow AgCl$
Redoxreaktion	Elemente verändern ihre Oxydationszahl	$\overset{\pm 0}{Mg} + 2\overset{+1}{H^+} \longrightarrow \overset{+2}{Mg^{2+}} + \overset{\pm 0}{H_2}$
Reaktion mit Protonenübergang	Protonen gehen von Teilchen eines Stoffs auf Teilchen eines anderen Stoffes über	$MgO + 2 H^+ \longrightarrow Mg^{2+} + H_2O$
Additionsreaktion	Jeweils zwei oder mehrere Moleküle der Ausgangsstoffe vereinigen sich zu einem Molekül des Reaktionsprodukts	$CH_2=CH_2 + Br_2 \longrightarrow CH_2Br-CH_2Br$
Eliminierungsreaktion	Mindestens zwei Atome werden jeweils aus einem Molekül des Ausgangsstoffes abgespalten	$CH_3-CH_3 \longrightarrow CH_2=CH_2 + H_2$
Substitutionsreaktion	Austausch von Atomen oder Atomgruppen zwischen den Molekülen der Ausgangsstoffe	$CH_4 + Cl_2 \longrightarrow CH_3Cl + HCl$

Fällungsreaktionen 36

Viele Ionen in Lösung lassen sich nachweisen, wenn durch chemische Reaktion mit anderen Ionen ein Niederschlag entsteht. Solche Fällungsreaktionen dienen zum Nachweis von Chlorid-, Sulfid-, Sulfat- und Karbonat-Ionen. ①②③④
In der chemischen Industrie haben Fällungsreaktionen große Bedeutung. So werden schwerlösliche Salze durch Ausfällen aus Lösungen produziert. Beim Abbinden von Kalkmörtel (↗ LB 8, S. 146) läuft ebenfalls eine Fällungsreaktion ab. Ferner werden Abwässer durch Ausfällen von Schadstoffen gereinigt.

53

1. Lassen Sie jeweils wenige Tropfen folgender zwei Lösungen miteinander reagieren:
a) Silbernitratlösung und Natriumchloridlösung, b) Bariumchloridlösung und Natriumsulfatlösung, c) Blei(II)-azetatlösung und Natriumsulfidlösung, d) Kalziumchloridlösung und Natriumkarbonatlösung!
2. Fällen Sie durch Reaktion zweier Salzlösungen folgende Stoffe aus: e) Bariumkarbonat, f) Kalziumsulfat, g) Blei(II)-chlorid, h) Kupfer(II)-sulfid!

Notieren Sie Ihre Beobachtungen!
Entwickeln Sie die chemischen Gleichungen in verkürzter Ionenschreibweise!

Fällungsreaktion

$K^+ + Cl^- + Ag^+ + NO_3^-$	$\longrightarrow$	$AgCl$	$+$	$K^+ + NO_3^-$
Ionen in der Lösung		**Kristalle eines schwerlöslichen Stoffes**		**Ionen in der Lösung**

Bildung von Kristallen eines schwerlöslichen Stoffes

Redoxreaktionen 37

Viele technisch wichtige chemische Reaktionen sind Redoxreaktionen. Zu dieser Reaktionsart gehören alle Verfahren zur Herstellung der Metalle, alle Verfahren zur Umwandlung von chemischer Energie in thermische Energie und viele Verfahren zur Herstellung wichtiger Chemieprodukte (Übersicht 20).
Redoxreaktionen sind gekennzeichnet durch Veränderung der Oxydationszahlen von Elementen in den reagierenden Stoffen (↗ S. 7).

1. Geben Sie die Oxydationszahlen an: a) für das Element Kupfer in Cu_2O und $CuCl_2$, b) für das Element Kohlenstoff in CH_4 und CO_2, c) für das Element Chlor in Cl_2, HCl und $HClO_4$, d) für das Element Schwefel in H_2SO_4, SO_2 und H_2S, e) für das Element Stickstoff in NH_3, NO und HNO_3 (↗ ChiÜb)!

Die Redoxreaktion ist ein einheitlicher Prozeß der beiden gegensätzlichen Teilreaktionen Oxydation und Reduktion.

2. Geben Sie in folgenden chemischen Gleichungen die Oxydationszahlen an, und kennzeichnen Sie jeweils die Teilreaktionen Oxydation und Reduktion:

a) $ZnO + Mg \longrightarrow Zn + MgO$, c) $Fe + S \longrightarrow FeS$,
b) $Ca + H_2SO_4 \longrightarrow CaSO_4 + H_2$, d) $2 CaSO_4 + C \longrightarrow 2 CaO + 2 SO_2 + CO_2$!

① Stellen Sie in einer Übersicht Nachweismittel und Bedingungen für den Nachweis von Sulfat-, Sulfid- und Chlorid-Ionen zusammen (↗ ChiÜb)! Prüfen Sie eine Salzlösung auf das Vorhandensein dieser Ionen (↗ Ch–SE 9/10, Experiment 19, S. 34)!

② Die Lösungen folgender Stoffe werden zusammengegeben: a) Natriumchlorid und Kaliumnitrat, b) Magnesiumbromid und Silbernitrat, c) Kalziumnitrat und Kaliumkarbonat, d) Zinkchlorid und Ammoniumkarbonat.
In welchen Fällen tritt ein Niederschlag auf (↗ TW 7–10)? Entwickeln Sie für die abgelaufenen chemischen Reaktionen die chemischen Gleichungen in verkürzter Ionenschreibweise!

③* Barium-Ionen reagieren sowohl mit Sulfat-Ionen als auch mit Karbonat-Ionen zu einem weißen Niederschlag. Wie läßt sich entscheiden, ob ein Niederschlag aus Bariumsulfat oder Bariumkarbonat besteht? Überprüfen Sie Ihre Entscheidung mit Hilfe eines Experiments (↗ S. 80)!

④* Silber-Ionen reagieren sowohl mit Chlorid-Ionen als auch mit Karbonat-Ionen zu einem weißen Niederschlag. Wie läßt sich entscheiden, ob ein Niederschlag aus Silberchlorid oder Silberkarbonat besteht? Überprüfen Sie Ihre Entscheidung mit Hilfe eines Experiments!

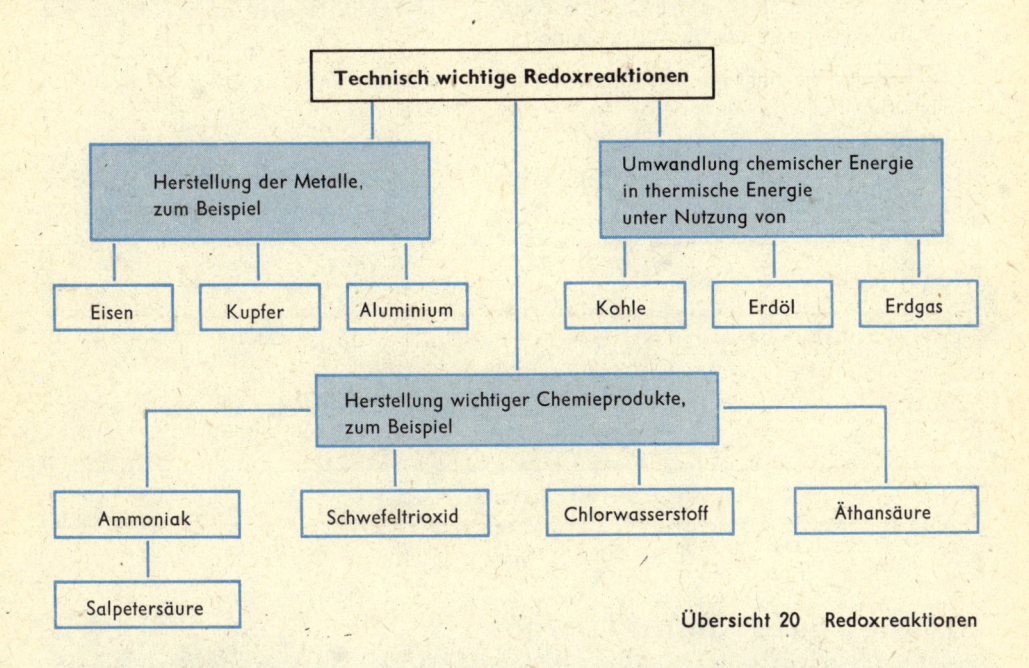

Technisch wichtige Redoxreaktionen

- Herstellung der Metalle, zum Beispiel
  - Eisen
  - Kupfer
  - Aluminium
- Umwandlung chemischer Energie in thermische Energie unter Nutzung von
  - Kohle
  - Erdöl
  - Erdgas
- Herstellung wichtiger Chemieprodukte, zum Beispiel
  - Ammoniak
    - Salpetersäure
  - Schwefeltrioxid
  - Chlorwasserstoff
  - Äthansäure

Übersicht 20   Redoxreaktionen

54 ▼ Geben Sie im Reagenzglas zu einigen Kalziumspänen Wasser! Weisen Sie Wasserstoff als Reaktionsprodukt nach, und prüfen Sie die Lösung mit einem Indikator!

3. Entwickeln Sie die chemische Gleichung in Ionenschreibweise für diese chemische Reaktion (Experiment 54)! Prüfen Sie, ob eine Redoxreaktion vorliegt!

55 ▼ Lösen Sie einige Kristalle Kaliumbromid in etwa 2 ml Wasser! Setzen Sie etwa 1 ml Chlorwasser zu!

4. Entwickeln Sie die chemische Gleichung für die chemische Reaktion (Experiment 55)! Kennzeichnen Sie diese chemische Reaktion als Redoxreaktion! Nennen Sie a) das Reduktionsmittel und b) das Oxydationsmittel!

56 Geben Sie in Reagenzgläser folgende Stoffe: a) Zink und verdünnte Chlorwasserstoffsäure, b) Magnesium und verdünnte Schwefelsäure, c) Kupfer und verdünnte Chlorwasserstoffsäure, d) Magnesium und verdünnte Äthansäure (Essigsäure)!

5. Entwickeln Sie für die Fälle, in denen eine chemische Reaktion (Experiment 56) zu beobachten war, die chemische Gleichung!
Prüfen Sie, ob alle Reaktionen Redoxreaktionen sind!

57 Geben Sie zu je 1 ml Methanallösung a) 4 ml Fehlingsche Lösung, b) 4 ml ammoniakalische Silbernitratlösung! Erhitzen Sie vorsichtig zum Sieden! Deuten Sie Ihre Beobachtungen!

6. Die Reaktionen von Experiment 57 können durch folgende chemische Gleichungen beschrieben werden:
   a) $HCHO + 2 Cu^{2+} + 4 OH^- \longrightarrow HCOOH + Cu_2O + 2 H_2O$,
   b) $HCHO + 2 Ag^+ + 2 OH^- \longrightarrow HCOOH + 2 Ag + H_2O$!
   Weisen Sie nach, daß es sich um Redoxreaktionen handelt! Nennen Sie jeweils das Reduktionsmittel und das Oxydationsmittel!

7. Entscheiden Sie mit Hilfe der Änderung der Oxydationszahlen, welche der folgenden Reaktionen eine Redoxreaktion ist:
   a) $CO + H_2O \longrightarrow CO_2 + H_2$,   b) $NaOH + HCl \longrightarrow NaCl + H_2O$,
   c) $MgO + H_2SO_4 \longrightarrow MgSO_4 + H_2O$!
   Begründen Sie Ihre Entscheidung!

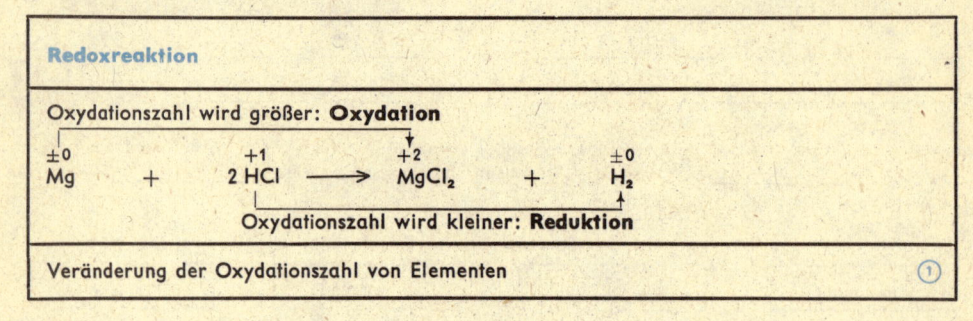

Redoxreaktion

Oxydationszahl wird größer: **Oxydation**

$$\overset{\pm 0}{Mg} + 2\,\overset{+1}{H}\overset{}{Cl} \longrightarrow \overset{+2}{Mg}Cl_2 + \overset{\pm 0}{H_2}$$

Oxydationszahl wird kleiner: **Reduktion**

Veränderung der Oxydationszahl von Elementen ①

Reaktion mit Protonenübergang   **38**

Zu dieser Reaktionsart gehört die Neutralisationsreaktion. Durch Neutralisation können saure und basische Industrieabwässer unschädlich gemacht werden. In der Landwirtschaft lassen sich saure Böden durch Neutralisation verbessern. Quantitativ durchgeführte Reaktionen zwischen Säurelösungen und Baselösungen dienen im Laboratorium zur Ermittlung des Massenanteils von Säuren beziehungsweise Basen in wäßrigen Lösungen. Auch andere chemische Reaktionen sind Reaktionen mit Protonenübergang (Übersicht 21).

58 Geben Sie in zwei Erlenmeyerkolben je 2 ml verdünnte Natriumhydroxidlösung, 10 ml Wasser und 3 Tropfen Unitestlösung!
a) Tropfen Sie in den einen Erlenmeyerkolben mit dem Halbmikro-Tropfer verdünnte Chlorwasserstoffsäure bis zur neutralen Reaktion (pH = 7)!
b) In den zweiten Erlenmeyerkolben tropfen Sie verdünnte Äthansäure (Essigsäure)!

① Lassen Sie jeweils zwei der im Schülerexperimentierheft angegebenen Stoffe miteinander reagieren! Entscheiden Sie, welche chemischen Reaktionen Redoxreaktionen sind (↗ Ch–SE 9/10, Experiment 20, S. 37)!

Übersicht 21   Reaktionen mit Protonenübergang

Reaktionen mit Protonenübergang	■
Chemische Reaktion von Säurelösungen mit Baselösungen (Neutralisationsreaktion)	$H^+ + Cl^- + Na^+ + OH^- \longrightarrow Na^+ + Cl^- + H_2O$
Chemische Reaktion von Ammoniumsalzlösungen mit Baselösungen	$NH_4^+ + Cl^- + Na^+ + OH^- \rightleftarrows NH_3 + H_2O + Na^+ + Cl^-$
Chemische Reaktion von Metalloxiden mit Säurelösungen	$CuO + 2 H^+ + 2 NO_3^- \longrightarrow Cu^{2+} + 2 NO_3^- + H_2O$
Chemische Reaktion von Salzen mit Säurelösungen	$FeS + 2 H^+ + 2 Cl^- \longrightarrow H_2S + Fe^{2+} + 2 Cl^-$

1. Entwickeln Sie für beide chemische Reaktionen (Experiment 58) die chemischen Gleichungen in verkürzter Ionenschreibweise! Begründen Sie, daß es sich um eine Reaktion mit Protonenübergang handelt!
Begründen Sie, daß alle chemischen Reaktionen zwischen Säure- und Baselösungen Reaktionen mit Protonenübergang sind!

Außer der Neutralisation gibt es noch andere chemische Reaktionen mit Protonenübergang. Hierzu gehört die chemische Reaktion von Ammonium-Ionen zu Ammoniakmolekülen und umgekehrt.

59 ▼ **Vorsicht!** Geben Sie zu einer Probe festem Ammoniumchlorid im Becher mit dem Halbmikro-Tropfer Natriumhydroxidlösung! Führen Sie die Geruchsprobe aus! Halten Sie über den Becher einen Streifen angefeuchtetes rotes Lackmuspapier und danach einen Glasstab, dessen eines Ende mit konzentrierter Chlorwasserstoffsäure benetzt ist! Deuten Sie Ihre Beobachtungen!

2. Entwickeln Sie die chemische Gleichung für die chemische Reaktion a) zwischen Ammoniumchlorid und Natriumhydroxidlösung, b) von Ammoniak mit Chlorwasserstoff und c) von Ammoniak mit Wasser! Begründen Sie, daß es sich in allen Fällen um Reaktionen mit Protonenübergang handelt!

Die durchgeführten chemischen Reaktionen (Experiment 59) sind Nachweisreaktionen für Ammonium-Ionen beziehungsweise für Ammoniak (↗ ChiÜb).
Zu den Reaktionen mit Protonenübergang gehören auch die chemischen Reaktionen von Metalloxiden mit Säurelösungen.

60 ▼ Führen Sie die chemische Reaktion zwischen Kupfer(II)-oxid und verdünnter Salpetersäure durch!

3. Entwickeln Sie die chemische Gleichung in verkürzter Ionenschreibweise (Experiment 60)! Begründen Sie, daß es sich um eine Reaktion mit Protonenübergang handelt!

Auch die chemische Reaktion von Karbonaten mit Säurelösungen sind Reaktionen mit Protonenübergang.

61 ▼ Führen Sie die chemische Reaktion zwischen festem Kalziumkarbonat und verdünnter Chlorwasserstoffsäure durch! Leiten Sie das entstehende Gas in Kalkwasser!

4. Entwickeln Sie die chemischen Gleichungen für beide chemische Reaktionen (Experiment 61)! Begründen Sie, daß eine der beiden Reaktionen zu den Reaktionen mit Protonenübergang gehört!

Ebenso sind die chemischen Reaktionen von Chloriden mit konzentrierter Schwefelsäure und von Sulfiden mit verdünnter Chlorwasserstoffsäure Reaktionen mit Protonenübergang.

62 ▼ **Vorsicht!** Lassen Sie eine Spatelspitze Eisen(II)-sulfid mit einigen Tropfen verdünnter Chlorwasserstoffsäure reagieren!
Prüfen Sie vorsichtig den Geruch des entstehenden Gases!

5. Entwickeln Sie die chemischen Gleichungen für die chemische Reaktion von a) Natriumchlorid mit Schwefelsäure und b) Eisen(II)-sulfid mit Chlorwasserstoffsäure! Begründen Sie, daß es sich in beiden Fällen um Reaktionen mit Protonenübergang handelt! ① ②

▶ **Bei Reaktionen mit Protonenübergang gehen Protonen (Wasserstoff-Ionen H^+) von den Teilchen eines Stoffes auf Teilchen eines anderen Stoffes über.**

Untersuchen eines Salzgemisches 39

In Wissenschaft und Produktion spielt die Untersuchung von Stoffen auf das Vorhandensein bestimmter Bestandteile eine große Rolle. Die Untersuchung von Stoffen mit Hilfe von Nachweisreaktionen heißt qualitative Analyse. Die Nachweisreaktionen lassen sich den Reaktionsarten zuordnen. Durch Fällungsreaktionen werden Sulfat-, Sulfid- und Chlorid-Ionen nachgewiesen, Ammonium- und Karbonat-Ionen durch Reaktionen mit Protonenübergang. Beim Nachweis der Nitrat-Ionen findet eine Redoxreaktion statt. In Wissenschaft und Produktion sind heute immer mehr physikalische Methoden zum Nachweis der Stoffe notwendig.
Die behandelten Nachweisreaktionen können zum Beispiel für die Untersuchung von Düngemitteln und ihrer wäßrigen Lösungen herangezogen werden.

63 ▼ Die Zusammensetzung eines Düngemittels wird qualitativ untersucht (↗ Ch–SE 9/10, Experiment 25, S. 44).

Additionsreaktion 40

Additionsreaktionen haben in der chemischen Industrie große Bedeutung. Durch Addition von Wasser an Äthin wird Äthanal, ein Zwischenprodukt für die Herstellung von Äthansäure und synthetischem Kautschuk, hergestellt. Durch Addition von Chlorwasserstoff an Äthin entsteht Vinylchlorid, das durch eine weitere Addition zu Polyvinylchlorid polymerisiert wird. Auch andere chemische Reaktionen mit organischen Stoffen sind Additionsreaktionen (Übersicht 22).

① Entscheiden Sie, welche der folgenden chemischen Reaktionen zu den Reaktionen mit Protonenübergang gehören:
a) Magnesiumoxid reagiert mit verdünnter Schwefelsäure, b) Ammoniak reagiert mit verdünnter Salpetersäure, c) Stickstoff reagiert mit Wasserstoff, d) Natriumkarbonat reagiert mit verdünnter Schwefelsäure, e) Äthen reagiert mit Wasserstoff! Begründen Sie Ihre Entscheidung!

② Schreiben Sie folgende chemischen Gleichungen möglichst in verkürzter Ionenschreibweise, und ordnen Sie die Reaktionen den Fällungsreaktionen, den Redoxreaktionen oder den Reaktionen mit Protonenübergang zu:

a) $NH_3 + HCl \longrightarrow NH_4Cl$,
b) $CaCl_2 + 2\ AgNO_3 \longrightarrow 2\ AgCl + Ca(NO_3)_2$,
c) $MgO + H_2SO_4 \longrightarrow MgSO_4 + H_2O$,
d) $2\ Al + 6\ HNO_3 \longrightarrow 2\ Al(NO_3)_3 + 3\ H_2$,
e) $4\ NH_3 + 5\ O_2 \longrightarrow 4\ NO + 6\ H_2O$,
f) $BaCl_2 + Na_2SO_4 \longrightarrow BaSO_4 + 2\ NaCl$

Übersicht 22   Additionsreaktionen

Additionsreaktionen	■
Addition von Wasserstoff (Hydrierung)	$CH_3-CHO + H-H \longrightarrow CH_3-CH_2-OH$
Addition von Wasser	$CH_2=CH_2 + HOH \longrightarrow H-CH_2-CH_2-OH$
Addition von Brom	$CH_2=CH-CH_3 + Br-Br \longrightarrow BrCH_2-CHBr-CH_3$
Addition von Chlorwasserstoff	$H-C{\equiv}C-H + H-Cl \longrightarrow CH_2=CHCl$
Polymerisation	$n\ CH_2=CH_2 \longrightarrow {-[CH_2-CH_2]-}_n$

1. a) Erläutern Sie die Additionsreaktionen (↗ Übersicht 22)!
   b) Geben Sie für die fünf Spezialfälle je ein weiteres Beispiel an!

Vorsicht! Lösen Sie im Reagenzglas etwa 2 ml eines fetten Öls oder Oktadezensäure in Tetrachlormethan! Schütteln Sie die Lösung mit etwa 1 ml einer Lösung von Brom in Tetrachlormethan!

2. Prüfen Sie, ob Vergaserkraftstoff Stoffe mit Mehrfachbindung im Molekül enthält! ①
3. Entwickeln Sie die chemischen Gleichungen mit vereinfachten Strukturformeln für die chemischen Reaktionen von Brom mit Oktadezensäure und mit Hex-1-en!
4. Erklären Sie Ihre Beobachtungen (↗ Experiment 64)! Welche Bedeutung hat diese chemische Reaktion?
5. Die Ausgangsstoffe Äthin, Äthen, Propanal, Benzen und Propen lassen sich jeweils in eines der Reaktionsprodukte Propanol, Propansäure, Zyklohexan, Äthanol, 1,2-Dibrompropan, 1,1-Dibromäthan und Chloräthen umwandeln.
Zwei dieser Reaktionsprodukte sind nicht mit einem Ausgangsstoff kombinierbar und bleiben übrig.
 a) Ordnen Sie den fünf Ausgangsstoffen je ein Reaktionsprodukt zu!
 b) Entwickeln Sie die fünf chemischen Gleichungen unter Verwendung vereinfachter Strukturformeln!
 c) Begründen Sie, daß es sich bei den fünf chemischen Reaktionen um Additionsreaktionen handelt!
6. Definieren Sie den Spezialfall „Polymerisation" (↗ ChiÜb)! ② ③ ④ ⑤

▶ **Bei Additionsreaktionen vereinigen sich zwei oder mehrere Moleküle der Ausgangsstoffe zu einem Molekül des Reaktionsprodukts.**

Eliminierungsreaktion 41

Die Eliminierungsreaktion ist die Umkehrung zur Additionsreaktion. Eliminierungsreaktionen sind in der chemischen Industrie weit verbreitet. Das Kracken langkettiger Erdölbestandteile ist ein Beispiel für diese Reaktionsart. Dabei fallen wichtige Kraftstoffe und Ausgangsstoffe für die Herstellung von Plasten, Elasten und Chemiefaserstoffen an (Übersicht 23).

Übersicht 23 Eliminierungsreaktionen

Eliminierungsreaktionen	
Eliminierung von Wasserstoff (Dehydrierung)	H₃C—CH₃ ⟶ H₂C=CH₂ + H_2
Eliminierung von Wasser	H₃C—CH₂—OH ⟶ H₂C=CH₂ + H_2O
Spaltung höhermolekularer Stoffe (Kracken)	$C_{10}H_{22}$ ⟶ C_4H_{10} + 2 H₂C=CH₂ + CH_4 + C

① Deuten Sie das Ergebnis des Experiments (Experiment 64)! Entwickeln Sie für die Addition von Brom an Äthen die chemische Gleichung mit Strukturformeln!

② Entwickeln Sie die chemischen Gleichungen für die vollständige Hydrierung folgender Stoffe, und erläutern Sie an diesen Beispielen die Additionsreaktion: a) Äthin, b) Propen, c) Benzen, d) Äthanal!

③ Entwickeln Sie für die Additionsreaktionen unter folgenden chemischen Reaktionen die chemischen Gleichungen bei Verwendung vereinfachter Strukturformeln für die organischen Stoffe:
a) Äthen + Chlorwasserstoff ⟶ Chloräthan,
b) Propen + Sauerstoff ⟶ Kohlendioxid + Wasser,
c) Äthanal + Wasserstoff ⟶ Äthanol,
d) Äthen + Wasser ⟶ Äthanol,
e) Äthen ⟶ Äthin + Wasserstoff!

④ Welche Masse an Polyäthylen kann angenähert aus 1 t Äthen entstehen?

⑤* Polyakrylnitril, Polyvinylchlorid, Polystyren und Buna-Kautschuk sind technisch wichtige makromolekulare Stoffe, die durch Polymerisation hergestellt werden.
Geben Sie für jeden dieser Stoffe an: a) Strukturformel und Name des Ausgangsstoffes, b) chemische Gleichung für die Polymerisationsreaktion, c) wichtige Eigenschaften des Polymerisationsprodukts als Werkstoff, d) technische Verwendung des Polymerisationsprodukts in der DDR (↗ ChiÜb)!

⑥ Geben Sie unter Verwendung vereinfachter Strukturformeln die Dehydrierung folgender Stoffe wieder:
a) Zyklohexan zu Benzen, b) Propanol zu Prop-1-en!

⑦ Entwickeln Sie für die Eliminierungsreaktionen unter folgenden chemischen Reaktionen die chemischen Gleichungen mit vereinfachten Strukturformeln für die organischen Stoffe:
a) Butan ⟶ But-1-en + Wasserstoff,
b) Pentan + Chlor ⟶ Chlorpentan + Chlorwasserstoff,
c) Chlorpropan ⟶ Propen + Chlorwasserstoff,
d) But-1-en + Brom ⟶ 1,2-Dibrombutan!

⑧ Für ein Experiment werden 500 ml Äthen (Normzustand) benötigt. Genügen 1,5 g Äthanol als Ausgangsmasse?

65 ▼ **Vorsicht!** Aus Äthanol wird durch Eliminierung von Wasserstoff Äthanal dargestellt und nachgewiesen (↗ Ch–SE 9/10, Experiment 21, S. 38 oder Experiment 22, S. 40).

66 ▼ Aus Äthanol ist durch katalytische Wasserabspaltung Äthen darzustellen und durch Addition von Brom nachzuweisen (↗ Ch–SE 9/10, Experiment 23, S. 41).

1. Entwickeln Sie unter Verwendung von Strukturformeln die chemische Gleichung für die Dehydrierung von Propan zu Propen!
2. Entwickeln Sie die chemischen Gleichungen unter Verwendung vereinfachter Strukturformeln für die Eliminierung von Chlorwasserstoff aus 1,2-Dichloräthan!
Welche Bedeutung haben die entstandenen Verbindungen?
3. Entwickeln Sie für die Alkane Heptan und Nonan je eine chemische Gleichung für einen möglichen Krackverlauf (↗ LB 8)! ⑥ ⑦ ⑧

▶ **Bei einer Eliminierungsreaktion werden mindestens zwei Atome aus je einem Molekül des Ausgangsstoffes abgespalten.**

Substitutionsreaktion 42

Aufbau und Abbau von Eiweißen, Fetten und Kohlenhydraten im lebenden Organismus vollziehen sich über Substitutionsreaktionen. Eine Substitutionsreaktion liegt auch bei der Herstellung von Glukose aus Zellulose, die in Form von Holzabfällen eingesetzt wird, vor. Einige technisch wichtige Ester werden durch Substitutionsreaktionen hergestellt. Auch die Produktion von Aminoplasten und Phenoplasten beruht auf dieser Reaktionsart (Übersicht 24).

Übersicht 24 Substitutionsreaktionen

Substitutionsreaktionen	
Veresterung (Kondensation)	CH_3-COOH + $H-O-CH_2-CH_3$ ⇌ $CH_3-CO-O-CH_2-CH_3$ + HOH
Hydrolyse	$CH_3-CH(NH_2)-CO-NH-CH_2-COOH$ + HOH → $CH_3-CH(NH_2)-COOH$ + $CH_2(HNH)-COOH$
Polykondensation	$n\ C_6H_5OH$ + $n\ HCHO$ → $[-C_6H_3(OH)-CH_2-]_n$ + $n\ H_2O$

1. Entwickeln Sie für folgende chemische Reaktionen die chemischen Gleichungen! Begründen Sie, daß es sich um Substitutionsreaktionen handelt:
   a) Chloräthan + Chlor ⟶ 1,2-Dichloräthan + Chlorwasserstoff,
   b) Benzen + Brom ⟶ Brombenzen + Bromwasserstoff!

Spezialfälle von Substitutionsreaktionen sind Veresterung, Hydrolyse und Polykondensation (Übersicht 25).

Übersicht 25 Merkmale einzelner Substitutionsreaktionen

Substitutionsreaktionen	Merkmal
Kondensation	Substitution, bei der einfach gebaute Stoffe (oft Wasser) als ein Reaktionsprodukt entstehen
Veresterung	Kondensation, bei der ein Ester entsteht
Polykondensation	Kondensation, bei der makromolekulare Stoffe entstehen
Hydrolyse	Substitution, bei der ein Ausgangsstoff Wasser ist

① Vervollständigen Sie die Wortgleichungen! Entwickeln Sie die chemischen Gleichungen:
  a) Äthanol + Propansäure ⟶
  b) Methansäurebutylester + Wasser ⟶

② Begründen Sie, warum folgende chemischen Reaktionen Substitutionsreaktionen sind: a) Umwandlung von Maltose in Glukose, b) Spaltung von Dipeptiden in Aminosäuren (↗ ChiÜb)!

③ Ordnen Sie folgende Reaktionen den Reaktionsarten Addition, Eliminierung und Substitution zu:
  a) $C_8H_{18} \longrightarrow C_3H_8 + C_2H_4 + C_3H_6$,
  b) $C_2H_5Cl + KOH \longrightarrow C_2H_5OH + KCl$,
  c) $C_{17}H_{33}COOH + H_2 \longrightarrow C_{17}H_{35}COOH$,
  d) $C_2H_2 + H_2O \longrightarrow CH_3CHO$,
  e) $C_2H_5Cl \longrightarrow C_2H_4 + HCl$,
  f) $C_3H_8 + 2 Cl_2 \longrightarrow C_3H_6Cl_2 + 2 HCl$,
  g) $C_{12}H_{22}O_{11} + H_2O \longrightarrow 2 C_6H_{12}O_6$!

Begründen Sie Ihre Entscheidung!

2. Entwickeln Sie für die Substitutionsreaktionen unter folgenden Reaktionen die chemischen Gleichungen unter Verwendung vereinfachter Strukturformeln:
  a) Propan + Chlor ⟶ 1,2-Dichlorpropan + Chlorwasserstoff,
  b) Dipeptid + Wasser ⟶ Glykokoll,
  c) Chloräthan ⟶ Äthen + Chlorwasserstoff,
  d) Chloräthan + Hydroxid-Ionen ⟶ Äthanol + Chlorid-Ionen! ① ② ③

67
▼

Vorsicht! Durch Polykondensation wird aus Resorzinol und Methanal ein Phenoplast hergestellt (↗ Ch–SE 9/10, Experiment 24, S. 43).

▶ **Bei Substitutionsreaktionen werden zwischen den Molekülen der Ausgangsstoffe Atome oder Atomgruppen ausgetauscht.**

Aufgaben zur Festigung

43

1. Bestätigen Sie, daß die chemische Reaktion zwischen Methan und Chlor zu Chlormethan und Chlorwasserstoff sowohl der Substitution als auch der Redoxreaktion zuzuordnen ist!
2. Entscheiden Sie, ob die Bildung von Ammoniumazetat aus Ammoniak und Äthansäure eine Reaktion mit Protonenübergang ist!
3. Entwickeln Sie die chemischen Gleichungen für folgende Reaktionen, und kennzeichnen Sie die Reaktionsart! Beachten Sie, daß chemische Reaktionen organischer Stoffe mehr als einer Reaktionsart zugeordnet werden können, je nachdem, welches Merkmal zugrunde gelegt wird:
   a) chemische Reaktion zwischen Propanal und Wasserstoff, b) chemische Reaktion zwischen Äthanol und Äthansäure, c) Methanolsynthese!
4. Entwickeln Sie für die Fällung folgender schwerlöslicher Stoffe die chemischen Gleichungen in verkürzter Ionenschreibweise: a) Kalziumsulfat, b) Silberjodid, c) Kalziumhydroxid, d) Silberbromid!
5. Nennen Sie Lösungen, aus denen folgende schwerlösliche Stoffe entstehen könnten:
   a) Kalziumsulfat, b) Kalziumhydroxid, c) Silberbromid, d) Silberjodid!
6. Wie lassen sich folgende Ionen in Lösung nachweisen:
   a) Kalzium-Ionen, b) Silber-Ionen, c) Zink-Ionen (↗ TW 7–10)?
7. Begründen Sie, daß alle chemischen Reaktionen, die unter Aufnahme beziehungsweise Abgabe von Sauerstoff verlaufen, Redoxreaktionen sind!

8. Geben Sie die Oxydationszahlen an: a) für das Element Eisen in FeO, FeCl$_3$, FeS, FeSO$_4$, b) für das Element Mangan in MnO$_2$, MnSO$_4$, KMnO$_4$!

9. Geben Sie die Oxydationszahl des Elements Kohlenstoff in folgenden Verbindungen an: a) CH$_3$COOH, b) HCHO, c) CH$_3$—CH$_2$—OH!

10. Entscheiden Sie mit Hilfe der Oxydationszahlen, welche der folgenden chemischen Reaktionen Redoxreaktionen sind:

    a) 2 Mg + O$_2$ ⟶ 2 MgO,

    b) CO$_2$ + Ca(OH)$_2$ ⟶ CaCO$_3$ + H$_2$O,

    c) 2 HgO ⟶ 2 Hg + O$_2$,

    d) Ca + Cl$_2$ ⟶ CaCl$_2$,

    e) CO$_2$ + C ⇌ 2 CO!

11. Entwickeln Sie für folgende chemische Reaktionen die chemischen Gleichungen: a) Hydrierung von Propen, b) Addition von Chlorwasserstoff an But-1-in! c) Chemische Reaktion von 1 mol Äthin mit 1 mol Wasserstoff!

12. Erläutern Sie die Beziehung zwischen Additionsreaktionen und Eliminierungsreaktionen an einem selbstgewählten Beispiel!

13. Entwickeln Sie die chemischen Gleichungen, und entscheiden Sie, ob es sich um Eliminierungsreaktionen handelt:

    a) Propanol ⟶ Propen + Wasser,

    b) Pentan + Sauerstoff ⟶ Kohlendioxid + Wasser,

    c) Äthanol ⟶ Äthanal + Wasserstoff,

    d) alkoholische Gärung!

14.*Entwickeln Sie je eine chemische Gleichung für die Bildung von Chloräthan: a) durch Addition, b) durch Substitution!

15. Entwickeln Sie je eine chemische Gleichung für die Bildung von Propen: a) durch Addition, b) durch Eliminierung!

16. Weisen Sie bei folgender chemischer Reaktion nach, daß es sich um eine Substitutionsreaktion handelt! Erläutern Sie den Umbau der chemischen Bindung:

C$_6$H$_5$—CH$_3$ + Br$_2$ ⟶ C$_6$H$_5$—CH$_2$Br + HBr!

17.*Ordnen Sie, soweit möglich, folgende chemische Reaktionen einer Reaktionsart zu:

   a) CuO + 2 HCOOH ⟶ (HCOO)$_2$Cu + H$_2$O,

   b) CaCO$_3$ ⟶ CaO + CO$_2$,

   c) C$_{12}$H$_{22}$O$_{11}$ + H$_2$O ⟶ 2 C$_6$H$_{12}$O$_6$,

   d) HNO$_3$ ⇌ H$^+$ + NO$_3^-$,

   e) 2 NO$_2$ ⇌ N$_2$O$_4$,

   f) n CH$_2$=CH(CN) ⟶ [—CH$_2$—CH(CN)—]$_n$

Begründen Sie Ihre Entscheidungen! Beachten Sie, daß nicht alle chemischen Reaktionen den Ihnen bekannten Reaktionsarten zugeordnet werden können!

Wissenschaft Chemie als Produktivkraft

Selbstverständliche Dinge unseres Lebens, wie Kleidung, Ernährung, Wohnraum, Körperpflege, Gesundheit, aber auch geistig-kulturelle Ansprüche, wie Sport, Tourismus, Kunst und Literatur, viele Hobbys, sind ohne einen Beitrag der Chemie nicht denkbar. Dabei wird im Alltag unter Chemie oft nicht nur die Wissenschaft verstanden, sondern auch die chemische Industrie sowie chemisch-technische Verfahren und Erzeugnisse, die in der Volkswirtschaft genutzt werden. In diesem Sinne spielt die Chemie im Leben eines jeden Menschen unserer Republik eine Rolle.

Ständig forschen Chemiker, Verfahrenstechniker und Ökonomen gemeinsam mit anderen Wissenschaftlern sowie Neuerern aus der Produktion nach chemischen Erkenntnissen und Möglichkeiten für deren Anwendung, um den Alltag der Menschen, die Bedingungen ihres Lebens und ihrer Arbeit ständig zu verbessern. Hierin zeigt sich die Bedeutung der Chemie für die Entwicklung unserer Volkswirtschaft.

Wissenschaft Chemie und wissenschaftlich-technischer Fortschritt in der DDR 44

Wissenschaft Chemie und die Entwicklung der Produktivkräfte

Wissenschaftlich-technischer Fortschritt. Zur Sicherung und schrittweisen Erhöhung des Lebensniveaus aller Werktätigen bei der weiteren Entwicklung des Landes ist ein rasches Wirtschaftswachstum erforderlich, das wesentlich von der Entwicklung der Produktivkräfte abhängt. Das Tempo dieser Entwicklung wird zunehmend vom Erkenntniszuwachs der Wissenschaften bestimmt. Forschungsergebnisse aus der Wissenschaft Chemie müssen dabei insbesondere für solche **Entwicklungsrichtungen in Wissenschaft und Technik** bereitgestellt werden, die langfristig und umfassend die Produktivkräfte entscheidend verändern. Zu solchen Gebieten zählen unter anderem die Anwendung der Mikroelektronik, die bessere Nutzung von Erdöl, Erdgas und Braunkohle als Rohstoffe, die Entwicklung hochveredelter Chemieerzeugnisse, die Anwendung materiell- und energiesparender Verfahren. Die chemische Forschung muß dazu beitragen, daß ein Wachstum der Produktion bei sinkendem Einsatz an Rohstoffen, Energie und Arbeitskräften unter Beachtung ökologischer Erfordernisse erreicht wird.
① ↗ S. 93

Steigerung der Arbeitsproduktivität. Höhe und Steigerung der Arbeitsproduktivität werden vorwiegend durch die Produktivkräfte beeinflußt. Die wachsende Rolle der Wissenschaft als Produktivkraft kommt dadurch zum Ausdruck, daß ein Zuwachs an Arbeitsproduktivität fast ausschließlich durch **die Anwendung von Wissenschaft und Technik** erreicht wird. Hierzu tragen immer mehr wissenschaftliche Erkenntnisse aus der Chemie bei. Daran wird die Rolle der Wissenschaft Chemie als Produktivkraft erkennbar.

■ In der DDR sind jährlich etwa 300 km² Stahloberfläche vor Korrosion zu schützen. Anderenfalls entsteht der Volkswirtschaft großer Schaden. Die chemische Industrie liefert 80 ··· 90% der benötigten Korrosionsschutzstoffe. Durch die Entwicklung neuer Anstrichstoffe sowie von Verfahren zur Plastbeschichtung von Stahl und auch anderen Metallen können im großen Umfang Material, Energie

und Arbeitskräfte eingespart werden. Schneidwerkzeuge für spanabhebende Vorgänge in der metallverarbeitenden Industrie, die aus besonders harten Werkstoffen hergestellt werden, ermöglichen höhere Schnittgeschwindigkeiten beziehungsweise eine Verlängerung der Einsatzzeit. Schon eine Verdoppelung der Einsatzzeit steigert die Arbeitsproduktivität um 15%!
Glühlampen wandeln nur 3···5% der zugeführten elektrischen Energie in Licht um. Bei Leuchtstofflampen mit neuentwickelten Leuchtstoffen erhöht sich dieser Prozentsatz auf das Acht- bis Zehnfache.

▶ **Zur Steigerung der Arbeitsproduktivität werden immer mehr Erkenntnisse der Wissenschaft Chemie angewendet. Das ist ein Merkmal dafür, daß die Wissenschaft Chemie selbst zur Produktivkraft wird.**

Chemische Forschung und die Entwicklung der Volkswirtschaft in unserer Republik

Das Ziel, die Volkswirtschaft umfassend zu intensivieren, stellt unter anderem hohe Anforderungen an die **Stoff- und Energiewirtschaft** der DDR. Die chemische Forschung kann vor allem zur Lösung von Aufgaben auf diesem Gebiet beitragen. Die engen Beziehungen der Wissenschaft Chemie zur Stoff- und Energiewirtschaft ergeben sich daraus, daß in der chemischen Forschung **Stoffe** sowie **Stoff- und Energieumwandlungen** untersucht werden. ②

Im Mittelpunkt stehen dabei insbesondere Forschungsaufgaben zur stärkeren Nutzung einheimischer Rohstoffe, zur höheren Veredlung der verfügbaren Rohstoffe und zur Entwicklung material- und energiesparender Verfahren (Übersicht 26). ③ ④ ⑤ ⑥

Übersicht 26 Chemische Forschung und volkswirtschaftliche Zielstellungen

Volkswirtschaftliche Zielstellung	Beispiele für Entwicklungs- und Untersuchungsaufgaben in der chemischen Forschung
Nutzung einheimischer Rohstoffe	neue Kohleveredlungsverfahren; neue Synthesen auf der Basis von Synthesegas und Äthin; neue Glas-, Keramik-, Porzellanerzeugnisse auf der Basis einheimischer Sande und Tone; Herstellung von Aluminium aus einheimischen Tonarten; Verfahren zur besseren Erschließung der einheimischen Salzvorkommen
Höhere Veredelung der verfügbaren Rohstoffe	neue chemisch-technische Verfahren zur effektiveren Nutzung von Erdöl und Erdgas; neue Chemieerzeugnisse für Produktion, Konsumtion und Export (z. B. Spezialplaste, Baustoffe, Ausgangs- und Hilfsstoffe für die Mikroelektronik, Chemiefaserstoffe)
Anwendung material- und energiesparender Verfahren	Untersuchung chemisch-technischer Verfahren zur Herstellung einer größeren Masse an Reaktionsprodukt im gleichen Reaktionsraum bei kurzer Reaktionsdauer und geringerem Energiebedarf; neue Kraft- und Schmierstoffe, die den Kraftstoffverbrauch und die Umweltbelastung verringern; neue Waschmittel, die bei niedriger Waschtemperatur intensiver waschen; Verfahren zur Wiederaufbereitung von Sekundärrohstoffen

① Zeigen Sie an Beispielen aus dem polytechnischen Unterricht, wie wissenschaftliche Erkenntnisse der Chemie im Produktionsprozeß angewendet werden (Werkstoffe, Verfahren, Produkte)!

② Stellen Sie chemische Reaktionen zusammen, bei deren technischer Nutzung a) die Stoffumwandlung, b) die Energieumwandlung im Vordergrund steht!

③ Begründen Sie, daß a) Synthesegas, b) Äthin auf der Basis einheimischer Rohstoffe erzeugt werden kann!

④ Nennen Sie Salze, die in Lagerstätten unserer Republik vorkommen! Werten Sie ihre Bedeutung als Rohstoffe!

⑤ Mitteltemperaturwaschmittel ermöglichen die Senkung der Waschtemperatur von 90 °C auf 60 °C. Berechnen Sie die eingesparte elektrische Arbeit W in kWh bei einem Waschvorgang mit 30 kg Wasser in der Trommelwaschmaschine (↗ Physik, Wärmelehre)!

⑥ Kennzeichnen Sie, daß die Wiederaufbereitung von Sekundärrohstoffen sowohl zur Einsparung von Rohstoffen als auch zur Minderung der Umweltbelastungen beiträgt!

Zur Lösung dieser Aufgaben arbeiten die Forschungseinrichtungen der Chemie in unserer Republik eng mit den Produktionsbetrieben zusammen. Dadurch können wissenschaftliche Erkenntnisse schnell im Produktionsprozeß angewendet und neue Forschungsaufgaben aus der Produktionspraxis abgeleitet werden.

▶ **Für die Wissenschaft Chemie ergeben sich aus den Anforderungen an die Volkswirtschaft wichtige Forschungsaufgaben zur Stoff- und Energiewirtschaft. Zu ihrer Lösung müssen die Forschungseinrichtungen und Produktionsbetriebe eng zusammenarbeiten.**

Das Tempo des wissenschaftlich-technischen Fortschritts nimmt immer mehr zu. Mit der Forschungskapazität in der DDR allein können nicht alle Gebiete gleichzeitig untersucht und Spitzenleistungen erzielt werden. Deshalb ist die **Wissenschaftskooperation** mit anderen Ländern unbedingt erforderlich.

■ Wissenschaftler aus unserer Republik und der Sowjetunion arbeiten gemeinsam auf dem Gebiet der Erdölverarbeitung, Kohleveredlung und Äthenerzeugung. An den Gemeinschaftsobjekten „Polymir 50" und „Polymir 60" werden Untersuchungen zur weiteren Verbesserung der Qualität des Polyäthylens und zur Senkung des Energieverbrauchs durchgeführt. Eng wird bei der Entwicklung von neuen Katalysatoren sowie Chemiefaserstoffen zusammengearbeitet.

▶ **Die Wissenschaftskooperation mit allen Ländern auf dem Gebiet der Chemie muß ein wichtiger Beitrag zur Nutzung des wissenschaftlich-technischen Fortschritts für die Erhöhung der Wirtschaftskraft sein.**

Die chemische Industrie in der DDR 45

Die chemische Industrie – ein wichtiger Bereich unserer Volkswirtschaft

Die chemische Industrie ist einer der größten Industriebereiche unseres Landes, in dem einheimische und importierte Rohstoffe durch Stoffumwandlung veredelt werden. Ihre Erzeugnisse werden in anderen Bereichen der Volkswirtschaft sowie für den direkten Bevölkerungsbedarf benötigt und sind wichtige Exportartikel.

Die chemische Industrie produziert etwa 16% der industriellen Gesamtproduktion und beschäftigt 11% der Werktätigen unserer Republik. Das bedeutet, daß die chemische

Industrie mit einer relativ geringen Anzahl von Arbeitskräften einen hohen volkswirtschaftlichen Nutzen erbringt (Tab. 5).

Tabelle 5 Benötigte Anzahl Arbeitsstunden für 1 000 M Warenproduktion in der chemischen Industrie

Jahr	1955	1960	1965	1970	1975	1980	1985
Arbeitsstunden	61	39	27	18	12	9,4	etwa 8

Die Entwicklung der chemischen Industrie in der DDR seit 1950

1950 bis 1960. In den ersten Jahren nach der Gründung der DDR war es erforderlich, die Förderung und Veredlung der Braunkohle auszubauen sowie die Produktion dringend benötigter Chemieerzeugnisse, wie Schwefelsäure, Ätznatron, PVC, Dederon, zu steigern. Auf der **Chemiekonferenz** im Jahre 1958 wurde ein langfristiges und wissenschaftlich begründetes Programm, das sogenannte „Chemieprogramm", zur vorrangigen Entwicklung der chemischen Industrie beschlossen. In diesem Programm wurde auf eine Veränderung der Rohstoff- und Erzeugnisstruktur in der chemischen Industrie, auf die Überwindung von Rückständen in der Produktion von Plasten, Elasten und Chemiefaserstoffen und die wachsende Chemisierung der Volkswirtschaft orientiert.

Unter anderem wurden auf dieser Konferenz der Bau eines Erdölverarbeitungswerks in Schwedt und die Errichtung des petrolchemischen Komplexes Leuna II beschlossen.

Die bis dahin erreichten Leistungen der Werktätigen unserer Republik und die immer enger werdende Zusammenarbeit mit der Sowjetunion und den anderen sozialistischen Staaten waren Voraussetzungen, um die großen Bauvorhaben in Angriff nehmen zu können.

1960 bis 1970. Während dieser Jahre gingen die Werktätigen daran, die Aufgaben aus dem Chemieprogramm zielstrebig zu verwirklichen.

Einige volkswirtschaftlich bedeutsame neue Anlagen wurden in diesem Zeitraum in Betrieb genommen. Das waren unter anderem Anlagen zur Produktion von Schwefeltrioxid in Coswig, zur Erdölverarbeitung in Schwedt und Lützkendorf, zur Herstellung von Leichtbenzin, Hochdruckpolyäthylen, Phenol auf petrolchemischer Basis in Leuna II. Gleichzeitig wurde die Erdölleitung „Freundschaft" gebaut.

Die enge wirtschaftliche Zusammenarbeit mit der Sowjetunion war die Grundlage dafür, daß unsere chemische Industrie neben Kohle auch ausreichend Erdöl verarbeiten konnte. Zugleich leistete die Sowjetunion umfangreiche Hilfe beim Bau und bei der Inbetriebnahme der Erdölverarbeitungsanlagen, indem sie erfahrene Wissenschaftler und Techniker sowie wissenschaftlich-technische Unterlagen zur Verfügung stellte.

1970 bis 1980. In diesen Jahren mußte die wirtschaftliche Leistungskraft schnell wachsen. Das erforderte von der chemischen Industrie, die Rohstoffbasis zu sichern, zur besseren Versorgung der Bevölkerung mit Konsumgütern beizutragen und den Anteil am Export wesentlich zu erhöhen.

Die Petrolchemie wurde weiter ausgebaut. Hierzu entstand ein zweiter Strang der Erdölleitung „Freundschaft". Mit der Inbetriebnahme des „Olefinkomplexes Böhlen" konnte der steigende Äthenbedarf durch Benzinspaltung besser abgedeckt werden. Über die neue Fernleitung „Nordlicht" lieferte die Sowjetunion Erdgas, das unter anderem in neu erbauten Ammoniak-Syntheseanlagen verarbeitet wurde. Der Neu- und Ausbau von Produktionsanlagen für Polyurethan, Polyäthylen, Polystyren, Polyakrylnitril sowie Polyester verbesserte die Werkstoffpalette, das Konsumgüterangebot und das Exportaufkommen.

① Werten Sie die Entwicklung der **Leistungsfähigkeit** der chemischen Industrie unserer Republik (↗ Tab. 5)!
② Begründen Sie die Notwendigkeit des Aufbaus einer erdölverarbeitenden und petrolchemischen Industrie in der DDR!
Kennzeichnen Sie wesentliche gesellschaftliche Voraussetzungen dafür Ende der 50er und Anfang der 60er Jahre!
③ Werten Sie die Entwicklung unserer chemischen Industrie!
Beziehen Sie Angaben aus der Tabelle (↗ Tab. 5) ein!
④ Nennen Sie Konsumgüter, die aus Polyurethan, Polyäthylen, Polystyren, Polyakrylnitril und Polyester bestehen!

Bis 1980 wurden jährlich etwa 20 Mio t Erdöl importiert und verarbeitet. Die chemische Industrie hatte ihre Produktion gegenüber 1950 verzwölffacht.
③ ④

▶ **Im Ergebnis der fleißigen Arbeit der Werktätigen wurde in der DDR eine hochentwickelte chemische Industrie geschaffen. Dieser Industriebereich hat großen Anteil am erreichten Lebensniveau der Werktätigen. Die Zusammenarbeit mit anderen Ländern war für die Entwicklung unserer chemischen Industrie von großer Bedeutung.**

Die weitere Entwicklung der chemischen Industrie unserer Republik

Die weitere volkswirtschaftliche Entwicklung stellt an die chemische Industrie noch höhere Anforderungen zur Sicherung der Rohstoff- und Energiebasis. Die einheimischen und importierten Rohstoffe, insbesondere die fossilen Kohlenstoffträger Erdöl, Erdgas und Braunkohle, müssen besser veredelt werden. Mit absolut sinkendem Aufwand an Rohstoffen und Energie muß auch in der chemischen Industrie ein höherer Zuwachs an Nationaleinkommen produziert werden.

▶ **Die Anforderungen an die chemische Industrie zur Sicherung der Rohstoff- und Energiebasis unserer Volkswirtschaft und eines wachsenden Nationaleinkommens erhöhen sich weiter. Die Hauptrichtungen der weiteren Entwicklung der chemischen Industrie sind der Ausbau der tieferen Verarbeitung von Erdöl, der Ausbau der Kohlechemie auf der Basis einheimischer Braunkohle, die stärkere Nutzung einheimischer anorganischer Rohstoffe.**

Tiefere Verarbeitung von Erdöl. Durch langfristige Handelsverträge mit der Sowjetunion wurde der Erdölbedarf unserer Republik gesichert. Jedoch stiegen auch im RGW-Bereich die Erdölpreise infolge der wachsenden Erschließungs- und Förderkosten. In Abstimmung mit der Sowjetunion importiert unsere Republik weniger Erdöl, das deshalb rationeller verwertet werden muß. Erdöl ist immer mehr als Rohstoff und weniger als Energieträger zu verwenden. Das kann jedoch nicht nur über die **Ablösung von Heizöl** für Wärmezwecke durch Braunkohle erfolgen (Tab. 6, S. 96).

Erdöl wird tiefer gespalten. Durch spezielle Krackverfahren werden höhersiedende Produkte und Rückstände der Erdöldestillation in niedrigersiedende Produkte, sogenannte „helle Produkte", umgewandelt (Tab. 6).

■ Beispielsweise kann auf diesem Wege eine Masse von 1 200 kt Heizöl in 750 kt Vergaserkraftstoff und Flüssiggas, 230 kt Dieselkraftstoff und 51 kt Propen gespalten werden.

Tabelle 6   Die bisherige und künftige Verwendung von Erdöl in der DDR

Erdölprodukte	1980	nach 1990
„Helle Produkte" (Siedetemperatur < 360 °C)	55%	80%
davon Kraftstoffe	39%	55%
Heizöl	45%	20%

Der anfallende Kraftstoff dient nicht in erster Linie der Motorisierung, sondern wird größtenteils über die „Benzinspaltung" in Äthen und andere Kohlenwasserstoffe umgewandelt, von denen Synthesen wichtiger Chemieerzeugnisse ausgehen. ① ②
Wertvolle Stoffe werden besser aus dem Erdöl abgetrennt. Solche Stoffe sind beispielsweise Benzen und andere ringförmige Kohlenwasserstoffe, die unter anderem zur Herstellung von Spezialplasten, Pflanzen- und Schädlingsbekämpfungsmitteln, Arzneimitteln gebraucht werden und bisher teilweise importiert werden müssen. Auch bestimmte Alkane für die Waschmittelproduktion gehören dazu.

Weiterer Ausbau der Kohlechemie. Für die Volkswirtschaft der DDR hat Kohle als Energieträger und chemischer Rohstoff eine große Bedeutung. Auch künftig muß **Braunkohle als Energieträger** einen Teil des Erdöls und Erdgases in der Energiewirtschaft ersetzen. Dabei müssen ökologische Erfordernisse beachtet werden. Gleichzeitig nimmt aber auch die Bedeutung der **Braunkohle als chemischer Rohstoff** zu.
Im Jahr 1985 entsprach der Anteil an chemisch verarbeiteter Braunkohle einem Einsatz von 7 Mio t Erdöl.

Durch die **bessere Kopplung von Erdöl- und Kohlechemie** wird der steigende Bedarf unserer Volkswirtschaft an Chemieerzeugnissen gedeckt (Abb. 37). Dazu sind wichtige Zweige der Kohlechemie zu erweitern.
Die Vergasung der Braunkohle wird ausgebaut. Maßnahmen hierzu sind die Steigerung der Leistungsfähigkeit der bestehenden Anlagen durch ihre Rekonstruktion und der Bau neuer Anlagen mit größeren Abmessungen. Gleichzeitig werden Verfahren entwickelt, bei denen von minderwertigen Salzkohlen ausgegangen wird. Auch an einem neuen Verfahren zur Vergasung von Braunkohlenstaub unter erhöhtem Druck wird gearbeitet. Das verfügbare Synthesegas ist stoff- und energiewirtschaftlich zu nutzen. In der Stoffwirtschaft wird es

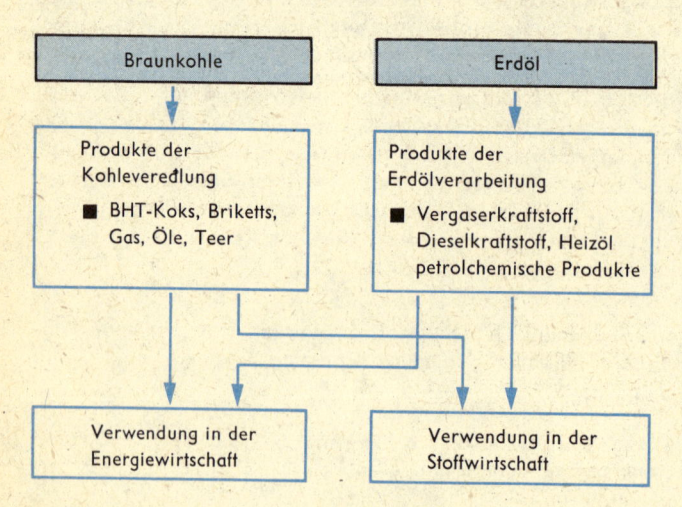

Abb. 37 Braunkohle und Erdöl als Rohstoffe für die Volkswirtschaft der DDR

① Begründen Sie die volkswirtschaftliche Notwendigkeit, Heizöl durch andere Heizmaterialien zu ersetzen!

② Bei der Spaltung von Leichtbenzin wird durch das Kracken auch Oktan in Äthen und Wasserstoff umgewandelt. Entwickeln Sie dafür die chemische Gleichung! Welche anderen Reaktionsprodukte könnten auch entstehen?

③ Entwickeln Sie für einige der dargestellten Zusammenhänge (↗ Abb. 38) die chemischen Gleichungen! Ordnen Sie die chemischen Reaktionen Ihnen bekannten Reaktionsarten zu!

unter anderem gebraucht für Hydrierungsreaktionen sowie die Ammoniak-, Harnstoff-, Methanolsynthese. Methanol als Zwischenprodukt erhält bei der Verarbeitung von Synthesegas eine wachsende Bedeutung (Abb. 38). ③

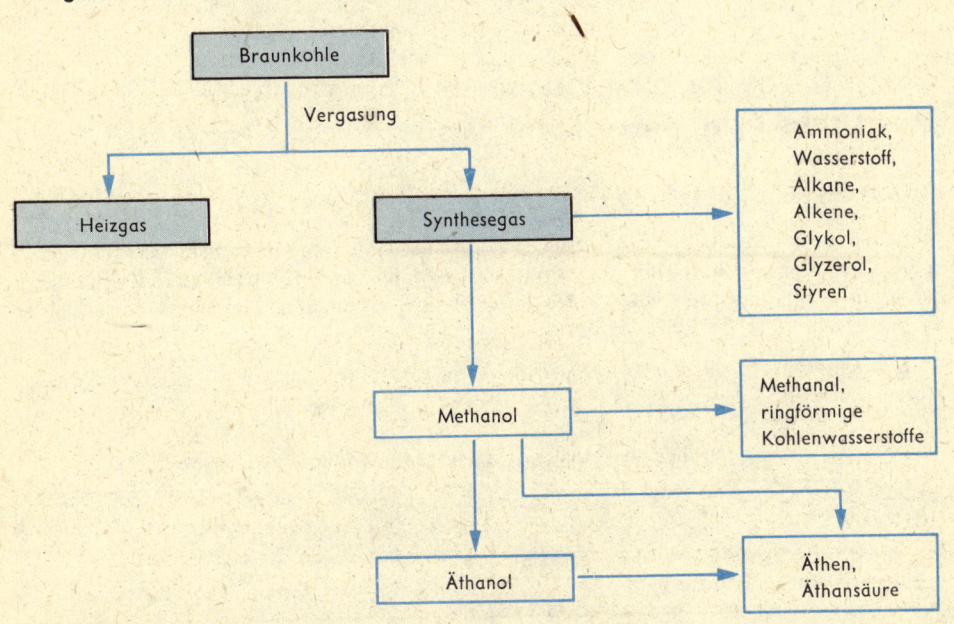

```
                    Braunkohle
                        │
                    Vergasung
              ┌─────────┴─────────┐
              ▼                   ▼                    ┌──────────────┐
         Heizgas              Synthesegas ────────────▶│ Ammoniak,    │
                                  │                    │ Wasserstoff, │
                                  │                    │ Alkane,      │
                                  │                    │ Alkene,      │
                                  │                    │ Glykol,      │
                                  │                    │ Glyzerol,    │
                                  │                    │ Styren       │
                                  ▼                    └──────────────┘
                              Methanol ──────────────▶┌──────────────┐
                                  │                   │ Methanal,    │
                                  │                   │ ringförmige  │
                                  │                   │ Kohlenwasser-│
                                  │                   │ stoffe       │
                                  ▼                   └──────┬───────┘
                              Äthanol ──────────────▶┌───────▼──────┐
                                                     │ Äthen,       │
                                                     │ Äthansäure   │
                                                     └──────────────┘
```

Abb. 38 Synthesen auf der Grundlage der Braunkohlenvergasung

Die Entgasung der Braunkohle wird weiterentwickelt. Bei diesen Verfahren soll die Qualität der Produkte weiter erhöht werden. So muß bei der Hochtemperaturentgasung (Verkokung) ein solcher BHT-Koks erzeugt werden, der für die Produktion von Kalziumkarbid geeignet ist und importierten Steinkohlenkoks weitestgehend ersetzen kann. Die Entgasung der Braunkohle bei niedrigeren Temperaturen (Schwelung) muß vor allem mehr hochreaktionsfähigen Koks, Teer und Öle liefern, die unter anderem zu Kohleelektroden, Waschmittel-, Arzneimittel-, Farbstoffprodukten verarbeitet werden.

Die Produktion von Kalziumkarbid wird ausgebaut. Über Kalziumkarbid wird aus Kohle Äthin hergestellt, von dem viele Synthesen für Chemieerzeugnisse ausgehen. Trotz des hohen Bedarfs an Elektroenergie bleibt dieses Verfahren von volkswirtschaftlicher Bedeutung, so daß die Produktion weiter gesteigert wird. Zusammen mit sowjetischen Wissenschaftlern wird an der Senkung des Energieverbrauchs unter $3\,300\ \text{kWh} \cdot \text{t}^{-1}$ Kalziumkarbid und dem verstärkten Einsatz von BHT-Koks (über 70%) gearbeitet. ① ↗ S. 99

Stärkere Nutzung der einheimischen anorganischen Rohstoffe. Solche Rohstoffe sind Steinsalz und Kalisalze, Anhydrit, Kalkstein, Fluß- und Schwerspat sowie Quarzsande und Tone.

■ Die Herstellung von Schwefelsäure auf der Basis von Anhydrit wird so gestaltet, daß sie mit chemisch-technischen Verfahren auf der Grundlage der Schwefelverbrennung ökonomisch konkurrieren kann. Für die Mikroelektronik sind aus silizium- und fluorhaltigen Rohstoffen hochreine Chemikalien herzustellen.

▶ Durch die tiefere Verarbeitung von Erdöl, den Ausbau der Kohlechemie und die stärkere Nutzung einheimischer anorganischer Rohstoffe wird der Bedarf unserer Volkswirtschaft an Chemieerzeugnissen gedeckt. Mit den Rohstoffen und Energieträgern Kohle und Erdöl sowie mit allen Chemieerzeugnissen ist sparsam und rationell umzugehen.

Chemisch-technische Verfahren – physikalisch-chemische Grundlagen und ökonomische Probleme   46

Gliederung und Einteilung chemisch-technischer Verfahren

Die chemische Produktion erfolgt nach chemisch-technischen Verfahren. Genaue Kenntnisse über den Verlauf und die physikalisch-chemischen Grundlagen der chemisch-technischen Verfahren sind wichtige Voraussetzungen für die Erhöhung der wirtschaftlichen Ergebnisse in der chemischen Produktion.

Verfahrensstufen. Chemisch-technische Verfahren lassen sich in einzelne Verfahrensstufen gliedern (Übersicht 27).

Übersicht 27 Gliederung chemisch-technischer Verfahren in Verfahrensstufen

Verfahrensstufe	■ Ammoniaksynthese
Vorbereitung der Ausgangsstoffe	Reinigung, Kompression des Synthesegases
Stoffumwandlung zum gewünschten Reaktionsprodukt	Reaktion von Stickstoff und Wasserstoff zu Ammoniak
Aufbereitung der Reaktionsprodukte	Abtrennen von Ammoniak, Rückführung des nichtumgesetzten Synthesegases

In den meisten Fällen werden im Produktionsprozeß chemisch-technische Verfahren gekoppelt.

■ Die Braunkohlenvergasung kann mit der Ammoniaksynthese verbunden werden. Die Aufbereitung des Synthesegases bei der Braunkohlenvergasung entspricht dann der Vorbereitung des Synthesegases bei der Ammoniaksynthese. ②

Reaktionsapparate. Die Stoffumwandlung findet in Reaktionsapparaten statt. Die Konstruktion der Reaktionsapparate wird vor allem durch die physikalisch-chemischen Grundlagen der chemischen Reaktion und die auszuwählenden Arbeitsprinzipien bestimmt. Diese Faktoren stehen im engen Zusammenhang mit der Wirtschaftlichkeit eines chemisch-technischen Verfahrens (Übersicht 28). ③

① Die Herstellung von Kalziumkarbid verläuft nach folgender chemischen Gleichung:

$$CaO + 3C \rightleftharpoons CaC_2 + CO \quad Q = +470 \text{ kJ}$$

Begründen Sie mit Ihren Kenntnissen über das chemische Gleichgewicht den hohen Verbrauch an Elektroenergie für diese chemische Reaktion!

② Erläutern Sie am Beispiel a) der Herstellung von Schwefelsäure, b) der Methanolsynthese die Kopplung chemisch-technischer Verfahren!

③ Ergänzen Sie die Übersicht (↗ Übersicht 28) durch weitere chemisch-technische Verfahren (Brennen von Kalkstein, Kontaktverfahren zur Herstellung von Schwefeltrioxid, Methanolsynthese, Druckvergasung von Braunkohle)!

④ Ordnen Sie weitere chemisch-technische Verfahren wie die Herstellung von Roheisen, von Schwefeldioxid aus sulfidischen Erzen und Anhydrit, von Mischgas, von Kalziumkarbid, von verschiedenen Plasten und Elasten einzelnen Reaktionsarten zu (Übersicht 29)!

Übersicht 28 Einige chemisch-technische Verfahren mit Reaktionsapparat, Arbeitsprinzipien, Reaktionsbedingungen

Chemisch-technisches Verfahren	Reaktionsapparat	Arbeitsprinzipien	Reaktionsbedingungen Temperatur	Druck
Herstellung von Roheisen	Hochofen	kontinuierlich Gegenstrom	über 1 400 °C	0,1 MPa
Ammoniaksynthese	Kontaktofen	kontinuierlich Gegenstrom Stoffkreislauf	450 °C bis 550 °C	35 MPa
Vergasung von Braunkohle	Winklergenerator	kontinuierlich Wirbelschicht	850 °C bis 900 °C	0,1 MPa

Reaktionsarten bei chemisch-technischen Verfahren. Die chemisch-technischen Verfahren lassen sich nach verschiedenen Gesichtspunkten einteilen. Eine Möglichkeit ist das Ordnen nach der Art der chemischen Reaktion (Übersicht 29). ④

Übersicht 29 Beispiele für die Einteilung chemisch-technischer Verfahren nach der Reaktionsart

Reaktionsart	Chemisch-technisches Verfahren	Chemische Gleichung
Redoxreaktion	Ammoniaksynthese	$N_2 + 3H_2 \rightleftharpoons 2NH_3$
Addition	Äthanolherstellung	$C_2H_4 + H_2O \rightleftharpoons C_2H_5OH$
Substitution	Aminoplastherstellung	$n\, H_2N\text{—}CO\text{—}NH_2 + n\, HCHO \rightleftharpoons$ $[\text{—}NH\text{—}CO\text{—}NH\text{—}CH_2\text{—}]_n + n\, H_2O$
Eliminierung	Krackverfahren	$C_{10}H_{22} \longrightarrow C_4H_{10} + 2C_2H_4 + CH_4 + C$

Höhere volkswirtschaftliche Ergebnisse bei chemisch-technischen Verfahren

Die notwendige höhere Leistungsfähigkeit der chemischen Industrie wird vor allem durch die Intensivierung der Produktion erreicht. Einige wichtige Zielstellungen dafür sind eine hohe Auslastung der vorhandenen Reaktionsapparate, die maximale Stoffumwandlung der eingesetzten Ausgangsstoffe, die Senkung des Energiebedarfs.

Höhere Auslastung der Reaktionsapparate. Durch richtige Auswahl und genaue Einhaltung günstiger Reaktionsbedingungen kann eine größere Masse des gewünschten Reaktionsprodukts im gleichen Reaktionsapparat in der gleichen Zeit hergestellt werden. Das wird vor allem durch die Beeinflussung der Reaktionsgeschwindigkeit und der Einstellung des chemischen Gleichgewichts bewirkt. ①

■ Braunkohle kann mit einem Sauerstoff-Wasserdampf-Gemisch auch unter erhöhtem Druck, bis 2,5 MPa, vergast werden. Neben anderen Reaktionsprodukten entstehen überwiegend Kohlenmonoxid und Wasserstoff. Es bildet sich aber auch Methan aus Kohlenstoff und Wasserstoff. Für die Nutzung des Gases als Synthesegas ist ein hoher Volumenanteil an Wasserstoff günstig, der durch Temperaturerhöhung bei konstantem Druck erhalten wird. Soll das Gas jedoch als Heizgas verwendet werden, ist der Volumenanteil an Methan zu vergrößern. Dazu wird bei konstanter Temperatur der Druck erhöht. So kann im gleichen Reaktionsapparat entweder mehr Synthesegas oder mehr Heizgas erzeugt werden. ②

Maximale Stoffumwandlung der Ausgangsstoffe. In die Ausgangsstoffe für chemisch-technische Verfahren sind stets schon Material, Energie, Arbeitszeit und Kosten eingeflossen, wodurch sie einen hohen Wert besitzen. Deshalb müssen sie möglichst vollständig in die gewünschten Reaktionsprodukte umgewandelt werden.

■ Schwefeldioxid für die Herstellung von Schwefeltrioxid wird entweder aus teuren Importrohstoffen (Schwefel, Pyrit) oder durch energieaufwendige Verfahren aus einheimischem Anhydrit oder Gips hergestellt. Beim herkömmlichen Kontaktverfahren wird Schwefeldioxid günstigenfalls zu einem Volumenanteil von 98% zu Schwefeltrioxid oxydiert. Bei einer stufenweisen Durchführung des Verfahrens kann ein Volumenanteil von 99,5% Schwefeldioxid umgesetzt werden. Dabei wird zwischen den Stufen jeweils das schon gebildete Schwefeltrioxid mittels Schwefelsäure herausgelöst. So wird der Ausgangsstoff Schwefeldioxid fast vollständig umgewandelt und zugleich sein Volumenanteil im Abgas verringert.

Senkung des Energiebedarfs. Temperatur und Druck gehören zu den wichtigen Reaktionsbedingungen, durch die der Energiebedarf eines chemisch-technischen Verfahrens beeinflußt wird. Bei den meisten Verfahren wird durch Anwendung des Wärmeaustauschs die erforderliche Temperatur genau geregelt. Wird mehr Wärme abgegeben, als das Verfahren selbst benötigt, kann sie als „Sekundärwärme" abgeführt und in anderen Produktionsbereichen genutzt werden. Auch die Stoffumwandlung unter Hoch- oder Unterdruck ist mit einem erheblichen Energieaufwand verbunden.

■ Durch den Einsatz von Katalysatoren mit niedrigerer Arbeitstemperatur kann bei der Methanolsynthese der Betriebsdruck beträchtlich verringert werden, wodurch der Konstruktions-, Material- und Energieaufwand sinkt. ③

▶ **Zur volkswirtschaftlich notwendigen Intensivierung chemisch-technischer Verfahren wird beigetragen, wenn mehr Reaktionsprodukt im gleichen Reaktionsapparat, in der gleichen Zeit, bei geringstem Energieaufwand und größtmöglicher Umsetzung der Ausgangsstoffe entsteht.**

① Zeigen Sie am Beispiel a) der Ammoniaksynthese und b) der Methanolsynthese, wie sich eine Temperaturänderung auf die Reaktionsgeschwindigkeit, die Einstellung des chemischen Gleichgewichts und die Wirksamkeit des Katalysators auswirkt!

② Bei der Vergasung von Braunkohle unter Druck finden zwei umkehrbare chemische Reaktionen statt:
a) $C + H_2O \rightleftarrows H_2 + CO$; $Q = +118,2$ kJ,
b) $C + 2 H_2 \rightleftarrows CH_4$; $Q = -77,9$ kJ!
Diskutieren Sie den Einfluß von Temperatur und Druck auf die Einstellung der beiden chemischen Gleichgewichte!

③ Erläutern Sie die Reaktionsbedingungen für die Methanolsynthese! Werten Sie unter ökonomischen Gesichtspunkten die Umstellung dieser Synthese auf den Einsatz von Katalysatoren, die bei niedriger Temperatur wirksam werden!

47 Beziehungen der chemischen Produktion zu anderen Bereichen der Volkswirtschaft

Chemische Produktion umfaßt nicht nur die chemische Industrie, sondern auch andere stoffumwandelnde Industriezweige, wie die Bunt- und Schwarzmetallurgie, die Kali-, Baustoff-, Glas-, Keramik-, Zellstoff- und Papierindustrie sowie die Nahrungsmittelindustrie.
Die Erzeugnisse der chemischen Produktion sind wichtige Produktionsmittel für andere volkswirtschaftliche Produktionsbereiche und Konsumtionsmittel für die Werktätigen unserer Republik. ① ↗ S. 103

▶ **Die chemische Produktion ist eng mit anderen Bereichen der Volkswirtschaft verbunden. Durch chemische Produktion entstehen sowohl Produktionsmittel als auch Konsumtionsmittel zur Sicherung und weiteren Erhöhung des Lebensniveaus der Werktätigen unserer Republik.**

Chemische Produktion – Maschinen- und Fahrzeugbau

Aus der chemischen Produktion stammen die **Werkstoffe Metall und Plast.** Welcher Werkstoff verarbeitet wird, ergibt sich nicht nur aus technischen, sondern auch aus ökonomischen Gesichtspunkten, wie Gebrauchseigenschaften sowie Herstellungs- und Verarbeitungskosten der Werkstoffe.

■ Im Kraftfahrzeugbau werden Plaste für die Herstellung von Karosserieteilen eingesetzt, im Lada 40 kg, im Wartburg 24 kg, im Trabant 50 kg pro Fahrzeug. Bei künftigen Entwicklungen sind sowohl die Verbesserung bestimmter Eigenschaften, wie Korrosionsbeständigkeit, Treibstoffeinsparung durch Masseverringerung, als auch die Herstellungskosten der Plastwerkstoffe zu berücksichtigen. ② ↗ S. 103

Chemische Produktion – Wohnungsbau

Für unser sozialistisches Wohnungsbauprogramm werden sowohl große Massen an **Baustoffen**, wie Zement, Gips, Glas, als auch Plastwerkstoffe geliefert. Zunehmend wird durch die Anwendung von Spezialerzeugnissen und chemischen Verfahren die Arbeitsproduktivität im Bauwesen mit erhöht. ③ ↗ S. 103

■ Durch Zusatz sogenannter Fließmittel kann Beton auch bei niedrigen Außentemperaturen verarbeitet werden. Ein Spezialerzeugnis ist Polymerbeton, der hohe Frost-, Wärme-, Witterungsbeständigkeit, Schlagfestigkeit und geringe Wasserdurchlässigkeit besitzt. Bei der Installation von Versorgungsleitungen im Innenausbau wird durch das Kleben mit speziellen Stoffen die Montagezeit wesentlich verkürzt.

Chemische Produktion – elektronischer Gerätebau

Wichtige Erzeugnisse aus der chemischen Produktion sind elektrisch leitende und nichtleitende Werkstoffe sowie Halbleitermaterialien. Besondere Anforderungen stellt die **Mikroelektronikindustrie**.

Für mikroelektronische Bauelemente wird von hochreinem Silizium ausgegangen, das höchstens ein Fremdatom auf 500 Millionen Siliziumatome enthalten darf. Außerdem werden Ätzmittel, wie Salpetersäure, Fluorwasserstoffsäure, Äthansäure, benötigt. Für die Herstellung der integrierten Schaltkreise sind UV-empfindliche Fotolacke erforderlich.

Chemische Produktion – Landwirtschaft

Für Ertragssteigerungen in der Landwirtschaft zur **stabilen Versorgung der Bevölkerung mit Nahrungsmitteln** sind chemische Erzeugnisse unentbehrlich. Neben Dünge-, Pflanzenschutz- und Schädlingsbekämpfungsmitteln sind vor allem Wachstumsregulatoren, Futterzusätze und Tierarzneimittel notwendig.

■ Wachstumsregulatoren können Pflanzenwachstum, Blütenausbildung und Fruchtreife vorteilhaft beeinflussen. Dickere Halme bei Getreide erhöhen die Standfestigkeit bei Regen und die Mähdruschfestigkeit, wodurch bei Roggen der Ertrag auf $50 \cdots 60 \, dt \cdot ha^{-1}$ steigen kann. Durch Abdecken von Obst- und Gemüseanbauflächen mit Plastfolien wird eine Ertragssteigerung und ein früherer Erntetermin erreicht.

Chemische Produktion – Konsumgüterproduktion

Die große Palette der Konsumgüter steht in vielfältigen Beziehungen zur chemischen Produktion.

■ Die für moderne *Kleidung* unentbehrlichen Chemiefaserstoffe werden auf der Basis von Zellulose sowie Kohle und Erdöl hergestellt. Produktionsumfang und Sortiment werden ständig erweitert, um die Bedürfnisse der Werktätigen unserer Republik immer besser zu befriedigen.

Für den Betrieb *privater Kraftfahrzeuge* werden Kraft- und Schmierstoffe bereitgestellt.

■ Ein Pkw aus dem Bevölkerungssektor verbraucht im Jahr durchschnittlich 900 l Vergaserkraftstoff. Bei rein destillativer Verarbeitung sind dafür 4,5 t Erdöl erforderlich.

Durch sparsamen Verbrauch an Kraftstoff kann Erdöl für die Herstellung anderer wichtiger Chemieerzeugnisse freigesetzt werden. Für die Produktion von *Waschmitteln* sind waschaktive organische Verbindungen, Seifen, spezielle Phosphate, Bor- und Siliziumverbindungen sowie Zusatzstoffe (optische Aufheller, Enzyme und Duftstoffe) aus der chemischen Produktion notwendig. ④

Chemische Produktion – Sekundärrohstoffwirtschaft

Die umfassende Intensivierung unserer Volkswirtschaft erfordert den wirksamen Einsatz aller Material- und Energieressourcen. Dazu zählen auch die im Haushalt und in der Volkswirtschaft anfallenden Sekundärrohstoffe. Sie stellen eine importunabhängige **Rohstoff- und Energiequelle** dar, weil in ihnen Rohstoffe und Energie gebunden sind. Wichtige Aufgaben zur Nutzung dieser Reserven sind:
Rückführung von Altstoffen, Produktionsabfällen und Abprodukten in den Stoffumwand-

① Nennen Sie Beispiele für Chemieerzeugnisse, die vorwiegend a) als Produktionsmittel, b) als Konsumtionsmittel verwendet werden!

② Nennen Sie Einsatzgebiete für Metalle und Plaste! Begründen Sie, warum nicht generell Metalle durch Plaste ersetzt werden!

③ Erläutern Sie die Bedeutung der Rohstoffe Kalkstein und Anhydrit für das Bauwesen in unserer Republik!

④ Begründen Sie die Behauptung, daß Kraftstoffeinsparungen auch der Konsumgüterproduktion zugute kommen!

⑤ Berechnen Sie die eingesparte elektrische Energie, wenn 1 Spraydose, etwa 20 g Aluminium, der Wiederverwertung zugeführt wird!

⑥ Erläutern Sie an Beispielen aus dem täglichen Leben, wie Sie selbst zum Schutze a) des Bodens, b) des Wassers und c) der Luft beitragen können!

lungsprozeß, Schaffung geschlossener Stoffkreisläufe, bessere Nutzung der Nebenprodukte und Entwicklung abproduktarmer Verfahren.

■ Jährlich fallen in unserer Republik etwa 70···80 Mio t Abfall- und Nebenprodukte an. Sie stellen eine große Rohstoff- und Energiereserve dar, die teilweise schon genutzt wird. Pro Haushalt rechnet man im Jahr mit etwa 7 kg Thermoplastabfällen.

Der volkswirtschaftliche Wert von Sekundärrohstoffen geht aus folgenden Angaben hervor (Übersicht 30).

Übersicht 30   Einsparung von Rohstoffen, Energie und Kosten durch Sammeln von Sekundärrohstoffen

Sekundärrohstoffe	Einsparung
1 t Thermoplastabfall	20···30 t Erdöl; 6 000···15 000 kWh; 2 000···2 500 M
1 t Stahlschrott	1,5 t Importerz; 2 Drittel der Herstellungskosten
1 t Aluminiumschrott	15 500 kWh Energie
1 t Altpapier	0,9 t Importzellulose oder 2,7 Festmeter Holz

Chemische Produktion – Umwelt

Der Schutz der Umwelt hat für jedes Land große Bedeutung. Das ist auch im Artikel 15 der Verfassung unserer Republik verankert. Der Umweltschutz ist untrennbarer Bestandteil der weiteren Entwicklung der Volkswirtschaft. Er dient sowohl der Verbesserung der Arbeits- und Lebensbedingungen der Werktätigen als auch der Intensivierung unserer Volkswirtschaft, indem kommunale und industrielle Abprodukte aufgearbeitet und zum Teil als Rohstoffe in den Produktionsprozeß zurückgeführt werden. Damit werden der Volkswirtschaft weitere Rohstoffressourcen erschlossen. Das Anwachsen der Produktion und des Verbrauchs an Industrieprodukten wie auch Konsumgütern hat teilweise zu einer Zunahme der Umweltbelastung geführt, die nicht allein durch die chemische Produktion entsteht.

■ Im Haushalt fallen beim Verwenden von Wasch- und Reinigungsmitteln Schadstoffe an, die unsere Gewässer belasten. Kraftfahrzeugabgase enthalten bei falscher Motoreinstellung und unwirtschaftlicher Fahrweise viel Luftschadstoffe, wie Kohlenmonoxid, Stickstoffoxide, Kohlenwasserstoffe. Deshalb sind in gesetzlich festgelegten Zeitabständen Abgastests an Kraftfahrzeugen vorzunehmen. Außerdem dürfen Kraftfahrzeugmotoren nur kurzzeitig im Leerlauf betrieben werden.

Elektroenergie wird in unserer Republik überwiegend von Kohlekraftwerken bereitgestellt, deren Rauchgase die Luft belasten. Durch die Verbesserung der Reinigungs- und Filterverfahren werden die Rauchgase vor allem von Schwefeldioxid und Staub entlastet. Gleichzeitig wird daran gearbeitet, aus den Abprodukten Rauchgas und Braunkohlenfilterasche wertvolle Rohstoffe, wie Schwefel, Aluminium, Keramikmassen, zu gewinnen, um den ökonomischen Nutzen dieser Verfahren zu erhöhen.

Die chemische Produktion ist eine unerläßliche Voraussetzung für die weitere Erhöhung des Lebensniveaus unseres Volkes. Durch sie muß auch in Zukunft ein wachsender Anteil an Nationaleinkommen produziert werden, der für die Existenz und Weiterentwicklung unserer Gesellschaft unbedingt notwendig ist. Mit dem weiteren wissenschaftlich-technischen Fortschritt und der wachsenden Wirtschaftskraft unserer Republik werden die Umweltbedingungen schrittweise verbessert. Die dazu erforderlichen Maßnahmen erfordern einen hohen materiellen und finanziellen Aufwand. Diese Maßnahmen beziehen sich vor allem auf die Reinhaltung des Bodens, des Wassers und der Luft. Chemische Prozesse sind dabei häufig die Grundlage für umweltschützende Maßnahmen.

Bei chemisch-technischen Verfahren zur Kohleveredlung fallen phenolhaltige Abwässer an, die giftig sind. Phenol ist aber auch ein wertvoller Rohstoff für die Plast- und Chemiefaserherstellung sowie die pharmazeutische und Farbstoffindustrie. Durch moderne chemische Reinigungsverfahren wird das Phenol aus dem Abwasser zu 90 ··· 99 % entfernt und zurückgewonnen.

Die Belastung der Umwelt ist ein weltweites Problem, dessen Lösung eine internationale Aufgabe ist. Die Zusammenarbeit der Mitgliedsländer des RGW auf diesem Gebiet erfolgt auf der Grundlage langfristiger Arbeitsprogramme und wird durch einen Rat für Umweltschutz koordiniert. Die Regierung der DDR ist bestrebt, auch mit kapitalistischen Ländern Abkommen und Vereinbarungen über den Umweltschutz abzuschließen. Darüber hinaus muß aber auch jeder Bürger unserer Republik durch umweltbewußtes Verhalten zum Schutz des Bodens, des Wassers und der Luft beitragen. ⑥ ↗ S. 103

Aufgaben zur Festigung 48

1. Nennen Sie Schwerpunkte der Wirtschaftspolitik unserer Republik für die besondere Forschungsleistungen der Wissenschaft Chemie notwendig sind!
2. Zeigen Sie an Beispielen, wie die Arbeits- und Lebensbedingungen der Werktätigen unserer Republik durch Forschungsergebnisse der Wissenschaft Chemie verbessert werden!
3. Zeigen Sie an Beispielen, daß Äthen ein wichtiger Ausgangsstoff für die Herstellung volkswirtschaftlich bedeutsamer Chemieerzeugnisse ist!
4. Begründen Sie die Feststellung, daß die Entwicklung einer leistungsfähigen chemischen Industrie eine wesentliche Voraussetzung für die Erhöhung des Lebensniveaus der Werktätigen unserer Republik ist!
5. Fertigen Sie über wichtige Verfahren der Kohleveredlung eine tabellarische Übersicht folgenden Inhalts an: Art des Verfahrens, chemische Reaktion, wesentliche Reaktionsbedingungen, anfallende gasförmige, flüssige und feste Reaktionsprodukte und ihre Verwendung!
6. Gliedern Sie folgende chemisch-technische Verfahren nach Verfahrensstufen: a) Verkokung von Kohle, b) Vergasung von Kohle, c) Brennen von Kalkstein!
7. Zeigen Sie an Beispielen, daß Chemiefaserstoffe auf der Basis von Braunkohle und Erdöl hergestellt werden können!

Komplexe Aufgaben

1 Eigenschaften von Magnesium

1. Ein Magnesiumspan wird mit 10 Tropfen verdünnter Chlorwasserstoffsäure versetzt.
   Beobachten Sie die Stoffumwandlung! Stellen Sie die Temperatur im Reaktionsgefäß fest!
   Beschreiben Sie die Veränderungen, die bei einer Stoffumwandlung festgestellt werden können, an diesem Beispiel!
   Entwickeln und interpretieren Sie für diese chemische Reaktion die chemische Gleichung in ausführlicher und in verkürzter Ionenschreibweise!
2. Beim Eindampfen der entstandenen Lösung bilden sich Kristalle.
   Nennen Sie die Art der entstandenen Kristalle!
   Beschreiben Sie diesen Vorgang!
3. Vergleichen Sie den Bau des Magnesiumatoms mit dem Bau des Magnesiumions!
4. Nennen Sie die Art der Teilchen, aus denen die Kristalle des Magnesiums und die Kristalle des festen Magnesiumchlorids aufgebaut sind!
   Beschreiben Sie die Art der chemischen Bindung, die zwischen den Teilchen im Magnesium und zwischen den Teilchen im festen Magnesiumchlorid besteht!
5. Magnesium reagiert auch mit Äthansäurelösung.
   Entwickeln und interpretieren Sie für diese chemische Reaktion die chemische Gleichung in ausführlicher und in verkürzter Ionenschreibweise!
   Ordnen Sie diese chemische Reaktion und die Reaktion von Magnesium und verdünnter Chlorwasserstoffsäure einer Art der chemischen Reaktion zu! Begründen Sie Ihre Aussagen!
   Bestimmen Sie für beide chemische Reaktionen das Reduktionsmittel!
6. Berechnen Sie, welches Volumen von Wasserstoff entsteht, wenn 2 g Magnesium mit verdünnter Chlorwasserstoffsäure versetzt werden!
   Lösung: $V_{H_2} = 1,9\ l$
7. Berechnen Sie, welche Masse von Magnesiumchlorid entsteht, wenn 10 g Magnesium mit verdünnter Chlorwasserstoffsäure umgesetzt werden!
   Lösung: $m_{MgCl_2} = 39,6\ g$

2 Eigenschaften von Säuren, Basen und Salzen

1. Ordnen Sie die Stoffe mit den Formeln H_3PO_4, Na_2CO_3 und $Ba(OH)_2$ der jeweiligen Stoffklasse zu!
   Begründen Sie Ihre Zuordnung!
2. Entwickeln Sie für die Dissoziation dieser Stoffe in wäßriger Lösung die Dissoziationsgleichungen!
3. Entwickeln Sie für die chemische Reaktion zur Darstellung von Eisen(II)-chloridlösung aus Eisen und verdünnter Chlorwasserstoffsäure die chemische Gleichung in ausführlicher und in verkürzter Ionenschreibweise!
   Welche Art der chemischen Bindung liegt im Eisen(II)-chlorid vor?
4. Stellen Sie mit Hilfe Ihrer Kenntnisse über das Periodensystem der Elemente eine Vermutung auf, ob das Oxid des Kalziums mit Wasser eine Säurelösung oder eine Baselösung bildet!
   Überprüfen Sie experimentell Ihre Vermutung!
   Vergleichen Sie Ihre Beobachtungsergebnisse mit Ihrer Vermutung!
   Entwickeln und interpretieren Sie die chemische Gleichung für die Reaktion von Kalziumoxid und Wasser in Ionenschreibweise! Beachten Sie, daß ein Teil des Reaktionsprodukts in Lösung geht!

5. Branntkalk (Kalziumoxid) wird technisch aus Kalkstein (Kalziumkarbonat) hergestellt.
   Entwickeln Sie die chemische Gleichung für diese chemische Reaktion!
   Berechnen Sie die Masse von Kalziumkarbonat in Tonnen, die zersetzt werden muß, um 150 t Kalziumoxid herzustellen!
   Lösung: $m_{CaCO_3} = 268$ t
6. Nennen Sie ein allgemeines Prinzip für chemisch-technische Verfahren, das beim Kalkbrennen Anwendung findet!
7. Nennen Sie zwei Beispiele für die Verwendung von Branntkalk!

3 Chlor und Chlorverbindungen

1. Stellen Sie für das Chlormolekül und das Chlorwasserstoffmolekül die Formeln in Elektronenschreibweise auf!
   Beschreiben Sie die Art der chemischen Bindung im Chlormolekül und im Chlorwasserstoffmolekül!
   Vergleichen Sie den Bau des Chloratoms mit dem Bau des Chlorid-Ions!
   Nennen Sie jeweils zwei Eigenschaften von Chlor und von Chlorwasserstoff!
2. Chlor reagiert mit Metallen.
   Entwickeln Sie die chemische Gleichung für die Reaktion von Magnesium und Chlor!
   Beschreiben Sie die Stoffumwandlung, die Veränderung der Teilchen und den Umbau der chemischen Bindungen am Beispiel dieser chemischen Reaktion!
3. Natriumchlorid und Kaliumchlorid sind wichtige in der Natur vorkommende Chloride.
   Ordnen Sie diese Chloride einer Stoffklasse zu! Begründen Sie Ihre Zuordnung!
   Nennen Sie für Natriumchlorid und für Kaliumchlorid je eine Verwendungsmöglichkeit!
4. Worauf ist die elektrische Leitfähigkeit einer wäßrigen Natriumchloridlösung zurückzuführen?
5. In einem Gasentwickler tropft konzentrierte Schwefelsäure auf Natriumchlorid. Das entstehende Gas wird auf Wasser geleitet.
   Skizzieren Sie eine Experimentieranordnung für die Durchführung dieses Experiments!
   Entwickeln Sie die chemische Gleichung für diese chemische Reaktion!
   Wie läßt sich der entstandene Stoff nachweisen?
6. Nennen Sie Maßnahmen für den sicheren Umgang mit Chlor und Chlorwasserstoff!

4 Eigenschaften von Chlorwasserstoffsäure

1. Entwickeln und interpretieren Sie die chemische Gleichung für die Darstellung von Chlorwasserstoff aus Wasserstoff und Chlor!
2. Beschreiben Sie den bei dieser chemischen Reaktion vor sich gehenden Umbau der chemischen Bindungen!
   Nennen Sie drei weitere Merkmale der chemischen Reaktion!
3. Begründen Sie: Bromwasserstoff und Jodwasserstoff haben eine größere Dichte als Chlorwasserstoff!
4. Berechnen Sie, welches Volumen von Chlorwasserstoff entsteht, wenn 20 g Natriumchlorid mit verdünnter Schwefelsäure umgesetzt werden!
   Lösung: $V_{HCl} = 7{,}7$ l
5. Chlorwasserstoff dissoziiert beim Lösen in Wasser.
   Entwickeln Sie dafür die Dissoziationsgleichung!
   Begründen Sie die Zuordnung der Chlorwasserstoffsäure zur Stoffklasse der Säuren!
   Nennen Sie zwei Maßnahmen für den sicheren Umgang mit Säuren und Säurelösungen!
6. Verdünnte Chlorwasserstoffsäure wird a) auf elektrische Leitfähigkeit untersucht, b) mit Unitest geprüft und c) mit einigen Tropfen Silbernitratlösung versetzt. Notieren Sie Ihre Beobachtungen!

7. Erklären Sie das jeweilige Beobachtungsergebnis mit Hilfe Ihrer Kenntnisse über die in der verdünnten Chlorwasserstoffsäure enthaltenen Teilchen!
8. Tetrachlormethan ist ebenfalls eine Verbindung eines Elements mit Chlor, reagiert aber nicht mit Silbernitratlösung.
Erklären Sie diese Erscheinung!

5 Verwendung von Kohlenstoffverbindungen

1. Erläutern Sie, warum Graphit und Diamant unterschiedliche Eigenschaften besitzen und deshalb in der Technik unterschiedlich verwendet werden!
2. Vergleichen Sie die Zusammensetzung und die Eigenschaften von Kohlenmonoxid und Kohlendioxid!
Warum ist Kohlenmonoxid trotz seiner Giftigkeit im Stadtgas enthalten?
Geben Sie eine Möglichkeit an, beide Oxide des Kohlenstoffs experimentell zu unterscheiden!
3. Entwickeln und interpretieren Sie die chemische Gleichung für die Vergasung von Kohle!
Vergleichen Sie die Verkokung und die Vergasung von Kohle hinsichtlich der Zusammensetzung, der Eigenschaften sowie der Verwendung der Produkte!
4. Ein Gemisch von Luft und Wasserdampf wird über glühende Kohle geleitet. Das gasförmige Reaktionsprodukt wird auf Brennbarkeit geprüft.
Skizzieren Sie eine Experimentieranordnung für die Durchführung dieses Experiments! Berücksichtigen Sie, daß das entstehende Mischgas getrocknet werden muß!
Beschreiben Sie die Durchführung des Experiments!
Entwickeln und interpretieren Sie die chemischen Gleichungen für die Bildung der Reaktionsprodukte (Bestandteile des Mischgases)!
5. Nennen Sie wichtige Lagerstätten der Braunkohle in der DDR!
6. Erläutern Sie die Verwendung der Braunkohle als Energieträger und als Rohstoff!
Werten Sie die Tatsache, daß Erdöl immer mehr als Rohstoff genutzt wird!

6 Äthin als Ausgangsstoff für die chemische Industrie

1. In unserer Republik wird Kalziumkarbid durch die Reaktion von Branntkalk und Koks hergestellt.
Entwickeln und interpretieren Sie die chemische Gleichung für diese chemische Reaktion!
Erläutern Sie zwei volkswirtschaftlich bedeutsame Gründe, warum diese chemische Reaktion trotz hohen Energieaufwandes in unserer chemischen Industrie durchgeführt wird!
2. Entwickeln und interpretieren Sie die chemische Gleichung für die Herstellung von Äthin aus Kalziumkarbid ($Q = -146$ kJ)!
3. Stellen Sie die Strukturformel für das Äthinmolekül auf!
Beschreiben Sie die chemische Bindung zwischen den Kohlenstoffatomen im Äthinmolekül!
Begründen Sie, weshalb Äthin Additionsreaktionen eingehen kann!
4. Zeigen Sie am Beispiel von Wasserstoff und Äthin, daß für den Bau der Moleküle von anorganischen und organischen Stoffen gleiche Gesetzmäßigkeiten gelten!
5. Erläutern Sie an Beispielen den Zusammenhang zwischen der Struktur der Moleküle und den chemischen Reaktionen der Alkane, der Alkene und der Alkine!
6. Aus Äthin kann durch eine Additionsreaktion Chloräthen hergestellt werden.
Entwickeln und interpretieren Sie die chemische Gleichung für diese chemische Reaktion unter Verwendung von Strukturformeln!

7. Aus Chloräthen (Vinylchlorid) wird Polyvinylchlorid hergestellt.
Entwickeln und interpretieren Sie die chemische Gleichung für diese chemische Reaktion!
Ordnen Sie diese chemische Reaktion einer Art der chemischen Reaktion zu! Begründen Sie Ihre Zuordnung!
Nennen Sie Eigenschaften des PVC und davon abgeleitete Verwendungsmöglichkeiten!

8. Die Herstellung von synthetischem Kautschuk erfolgt über die chemische Reaktion von Äthin und Wasser zu Äthanal.
Entwickeln Sie die chemische Gleichung für diese chemische Reaktion!
Berechnen Sie die Masse des Äthanals in Tonnen, die aus 900 m³ Äthin hergestellt werden kann!
Lösung: $m_{CH_3CHO} = 1,77$ t

7 Eigenschaften von Kohlenstoffverbindungen

1. Viele Stoffumwandlungen sind Redoxreaktionen.
Nennen Sie das Merkmal der Redoxreaktion!

2. Entwickeln und interpretieren Sie die chemische Gleichung für die Reaktion von Eisen(III)-oxid und Kohlenmonoxid! Geben Sie die Teilreaktionen an!

3. Bestimmen Sie die Oxydationszahlen des Elements Kohlenstoff in den Stoffen Kohlenmonoxid, Kohlenstoff, Methan und Kohlendioxid!
Ordnen Sie diese Stoffe nach steigender Oxydationszahl des Kohlenstoffs!
Welche dieser Stoffe könnten als Reduktionsmittel wirken? Begründen Sie Ihre Aussage!

4. Durch katalytische Wasseranlagerung an Äthen wird technisch Äthanol hergestellt.
Entwickeln und interpretieren Sie die chemische Gleichung für diese umkehrbare chemische Reaktion!
Ordnen Sie diese chemische Reaktion einer Art der chemischen Reaktion zu! Begründen Sie Ihre Zuordnung!

5. Ein mit gasförmigem Brom gefüllter Standzylinder wird mit der Öffnung nach unten auf einen mit Äthen gefüllten Standzylinder gestellt.
Erklären Sie Ihre Beobachtung!
Entwickeln und interpretieren Sie die chemische Gleichung für diese chemische Reaktion!

6. Äthan reagiert nicht mit Brom.
Erklären Sie diese Erscheinung!

7. Vergleichen Sie die Stoffe Äthan, Äthen und Äthin anhand ihrer Strukturmerkmale!

8 Methanol und Äthanol

1. Geben Sie die Strukturformel für das Methanolmolekül an!
Benennen Sie die funktionelle Gruppe im Molekül!
Ordnen Sie Methanol einer Stoffklasse zu!
Begründen Sie, warum Methanol keine Additionsreaktion eingehen kann!

2. Methanol wird aus Kohlenmonoxid und Wasserstoff hergestellt. Entwickeln und interpretieren Sie die chemische Gleichung für die Methanolsynthese ($Q = -90,5$ kJ)!
Beschreiben Sie Möglichkeiten, die Konzentrationen der reagierenden Stoffe bei dieser umkehrbaren chemischen Reaktion zu beeinflussen! Begründen Sie Ihre Aussagen!

3. Bei der Methanolsynthese ist die Temperatur von 380 °C möglichst konstant zu halten. Dazu ist Kühlung erforderlich.
Begründen Sie diese Maßnahme!
Welche Folgen treten ein, wenn die Temperatur im Reaktionsapparat steigt?
Welche Auswirkungen hat gleichzeitiger Druckabfall im Reaktionsapparat?
Ziehen Sie Schlußfolgerungen für die Reaktionsführung bei dieser chemischen Reaktion!

4. Berechnen Sie das Volumen des Kohlenmonoxids (Normzustand), das für die

Herstellung von 1 t Methanol erforderlich ist (vollständiger Stoffumsatz)!
Lösung: $V_{CO} = 700 \text{ m}^3$

5. Äthanol kann durch alkoholische Gärung aus Glukose hergestellt werden.
   Entwickeln und interpretieren Sie die chemische Gleichung für diese chemische Reaktion!

6. Werten Sie staatliche Maßnahmen in der DDR gegen Alkoholmißbrauch!

7. Methanol wird über einen glühenden Katalysator aus Kupfer geleitet. Das Reaktionsprodukt wird in fuchsinschweflige Säure eingeleitet.
   Skizzieren Sie eine Experimentieranordnung für die Durchführung dieses Experiments!
   Beschreiben Sie die Durchführung des Experiments!
   Entwickeln und interpretieren Sie die chemische Gleichung für diese chemische Reaktion!
   Ordnen Sie diese chemische Reaktion einer Art der chemischen Reaktion zu!
   Begründen Sie Ihre Zuordnung!

9 Äthansäure

1. Versetzen Sie 10 ml verdünnte Methansäure und 10 ml verdünnte Äthansäure mit einer Indikatorlösung!
   Begründen Sie von Ihren Beobachtungen ausgehend die Zuordnung dieser Stoffe zu der Stoffklasse Säuren!
   Entwickeln Sie die Dissoziationsgleichungen für die Dissoziation von Methansäure und von Äthansäure!

2. Verdünnte Äthansäure reagiert mit unedlen Metallen, Metalloxiden und mit Baselösungen unter Bildung von Salzlösungen.
   Entwickeln und interpretieren Sie die chemischen Gleichungen in Ionenschreibweise für diese chemischen Reaktionen an je einem Beispiel!

3. In einem Experiment wurden zur Neutralisation von verdünnter Äthansäure 0,4 g gelöstes Natriumhydroxid benötigt.
   Welche Masse von Äthansäure wurde neutralisiert?
   Lösung: $m_{CH_3COOH} = 0,6 \text{ g}$

4. Entwickeln und interpretieren Sie die chemische Gleichung für die Reaktion von verdünnter Äthansäure und Äthanol! Begründen Sie anhand der chemischen Gleichung die Zuordnung der Veresterung zur Kondensation und zur Substitutionsreaktion!

5. Einige Phosphorsäureester wirken als Nervengifte, die als Kampfstoffe durch USA-Konzerne hergestellt werden.
   Werten Sie die Vorschläge der Staaten des Warschauer Vertrags für ein Verbot chemischer Waffen!

6. Stellen Sie die Strukturformeln der Verbindungen mit zwei Kohlenstoffatomen im Molekül für die Stoffklassen Alkane, Alkene, Alkine, Alkanole, Alkanale und Alkansäuren auf!
   Bezeichnen Sie das kennzeichnende Strukturmerkmal in den Molekülen!
   Nennen Sie chemische Reaktionen der Alkanole, Alkanale und Alkansäuren!

7. Stoffe verschiedener homologer Reihen mit gleicher Anzahl von Kohlenstoffatomen im Molekül können durch chemische Reaktionen ineinander umgewandelt werden.
   Zeigen Sie diese Zusammenhänge zwischen Stoffen mit zwei Kohlenstoffatomen im Molekül anhand einer Übersicht!

10 Stickstoff und Stickstoffverbindungen

1. Stellen Sie für das Ammoniakmolekül die Formel in Elektronenschreibweise auf!
   Beschreiben Sie die Art der chemischen Bindung im Ammoniakmolekül!
   Vergleichen Sie den Bau des Ammoniakmoleküls mit dem Bau des Ammoniumions!
   Wie können sich Ammonium-Ionen bilden?

2. Ammoniak wird aus Stickstoff und Was-

serstoff hergestellt. Entwickeln und interpretieren Sie die chemische Gleichung für diese umkehrbare chemische Reaktion ($Q = -92{,}4$ kJ)!

Erläutern Sie an diesem Beispiel den Einfluß von Druck und Temperatur auf die Konzentrationen der reagierenden Stoffe!

Beschreiben Sie den Einfluß von Katalysatoren auf die Einstellzeit des chemischen Gleichgewichts!

Begründen Sie die für die technische Ammoniaksynthese gewählten Reaktionsbedingungen ($T \approx 500\,°C$; $p \approx 35$ MPa)!

Erläutern Sie am Beispiel der technischen Ammoniaksynthese die Anwendung des Kreislaufprinzips unter ökonomischen Gesichtspunkten!

Nennen Sie ein weiteres allgemeines Prinzip chemisch-technischer Verfahren, das bei der Ammoniaksynthese angewendet wird!

3. Entwickeln und interpretieren Sie für die Reaktion von Ammoniak und Wasser sowie für die Reaktion von Ammoniak und Chlorwasserstoff die chemische Gleichung!

Ordnen Sie diese chemischen Reaktionen einer Art der chemischen Reaktion zu! Begründen Sie Ihre Zuordnung!

4. Weisen Sie Ammoniak mit Chlorwasserstoff nach!

Notieren Sie Ihre Beobachtungen!

Entwickeln und interpretieren Sie die chemische Gleichung für diesen Nachweis!

5. Durch katalytische Oxydation von Ammoniak wird Stickstoffmonoxid für die Produktion von Salpetersäure hergestellt.

Entwickeln Sie die chemische Gleichung für diese chemische Reaktion!

Berechnen Sie das Volumen des Stickstoffmonoxids in Kubikmetern, das aus 2 500 t Ammoniak hergestellt werden kann!

Lösung: $V_{NO} = 3{,}3 \cdot 10^6$ m³

11 Schwefel und Schwefelverbindungen

1. Erläutern Sie die Zusammenhänge zwischen dem Bau der Atomhülle des Schwefelatoms, der Stellung dieses Elements im Periodensystem der Elemente und der höchsten Oxydationszahl des Elements Schwefel!

2. In unserer Republik wird Schwefeldioxid unter anderem aus Kalziumsulfat (Anhydrit) hergestellt.

$$2\,CaSO_4 + C \longrightarrow 2\,CaO + 2\,SO_2 + CO_2;\quad Q = +544\text{ kJ}$$

Nennen Sie zwei Vorzüge und einen Nachteil dieses Verfahrens unter ökonomischen Gesichtspunkten!

Berechnen Sie das Volumen des Schwefeldioxids in Kubikmetern, das bei der Umsetzung von 1 000 kg Kalziumsulfat entsteht!

Lösung: $V_{SO_2} = 165$ m³

3. Beim Kontaktverfahren wird Schwefeldioxid in Schwefeltrioxid umgewandelt. Entwickeln und interpretieren Sie die chemische Gleichung für diese umkehrbare chemische Reaktion!

Erläutern Sie, weshalb bei der Herstellung von Schwefeltrioxid mit einem Katalysator gearbeitet wird!

Warum wird bei diesem Verfahren eine verhältnismäßig hohe Temperatur (420 °C) gewählt, obwohl die Bildung des Schwefeltrioxids eine exotherme Reaktion ist?

4. Entwickeln Sie die Dissoziationsgleichung für die Dissoziation von Schwefelsäure!

5. Prüfen Sie experimentell, welche der drei gegebenen Lösungen verdünnte Schwefelsäure ist! Beschreiben Sie Ihr Vorgehen!

Ordnen Sie die chemische Reaktion für den Nachweis von Sulfat-Ionen einer Art der chemischen Reaktion zu! Begründen Sie Ihre Zuordnung!

Lösungen zu den Aufgaben

S. 21 ④ $m_{Cu} \approx 0{,}28$ g

S. 25 ② $m_{NH_4Cl} \approx 0{,}24$ g

④ $V_{NH_3} \approx 339\,000$ l (339 m³);

⑤ $\dfrac{m_{(NH_4)_2CO_3}}{m_{CaSO_4}} = \dfrac{12}{17}$

S. 35 ② $V_{NO} \approx 1\,713\,000\,000$ l (1 713 000 m³)

S. 37 ④* $V_{NH_3} \approx 356\,000$ l (356 m³);

⑦ $m_{HNO_3} = 126$ g; $m_{HNO_3} = 945$ g

S. 39 ⑧ $m_{NaNO_3} \approx 0{,}76$ g

S. 47 ⑤ $\dfrac{m_{Fe}}{m_S} = \dfrac{7}{4}$

S. 49 ⑤ $V_{H_2S} = 2{,}5$ l

S. 51 ⑥ $V_{SO_2} = 44\,800$ m³

S. 59 ② $m_{SO_2} = 80$ t;

S. 61 ①* $\dfrac{V_{SO_2}}{V_{O_2}} = \dfrac{2}{1}$;

S. 63 ⑤ $V_{SO_2} = 560\,000$ m³

S. 63 Aufg. *8

Herstellung von Schwefeldioxid aus	Volumen an Schwefeldioxid je 1 t Ausgangsstoff in 1000 m³
Schwefel	0,70
Pyrit	0,37
Kalziumsulfat	0,17

S. 64 Aufg. 9 $m_{H_2SO_4\,(96\%ig)} = 153$ t

S. 71 ① $m_{Fe_3O_4} = 10{,}33$ kg;

② $V_{C_2H_4} = 38{,}96$ m³;

③ $V_{C_2H_2} = 17{,}5$ m³;

④ $m_{C_2H_4} : m_{H_2O} = 28:18 = 1:0{,}64$

⑤ $V_{H_2} = 1{,}87$ l

S. 73 ⑥ $Q = -73$ kJ;

⑦   a, b) 6,4 g Schwefel und 11,2 g Eisen;

S. 75 ③*   a) $m_{CaO} = 16{,}47$ t;
b) $V_{SO_2} = 6\,588$ m³;

S. 79 ⑤* $V_{NH_3} = 2$ m³;

S. 87 ④ $m_{Polyäthylen} \approx 1$ t

⑧ $m_{C_2H_5OH} = 1{,}03$ g (1,5 g Äthanol genügen)

S. 93 ⑤ $W_{el} \approx 1{,}05$ kWh

S. 103 ⑤ $W_{el} = 0{,}31$ kWh

Abbildungsnachweis

ADN-ZB (Schaar; Abb. 12), Volker Ettelt (Innentitel), Institut für Geschichte der Medizin und Naturwissenschaften der Humboldt-Universität Berlin (Abb. 15, 16, 19, 21), Museum für Deutsche Geschichte (Abb. 17), VEB Fahlberg-List Magdeburg (Abb. 31)

Register

Additionsreaktion 84
Ammoniak 20 ··· 32
- Eigenschaften 21 ··· 22
- Verwendung 26
Ammoniaksynthese 27 ··· 30, 98 ··· 99
Ammonium-Ion 22 ··· 26
- Bildung 22 ··· 23
- Nachweis 25 ··· 26
Ammoniumsalze 24 ··· 26
- thermische Zersetzung 26

Bindung, chemische 11, 70
Bosch, Carl 31
Braunkohle 94 ··· 97
- Entgasung 97
- Vergasung 96 ··· 97

Chemische Forschung 91 ··· 93
Chemische Industrie der DDR 93 ··· 98
Chemische Produktion, Bedeutung 101 ··· 104

Elektronegativitätswerte 6, 7, 70
Elektronenübergang 5
Eliminierungsreaktion 86
Erdöl 92 ··· 96

Fällungsreaktion 49, 56, 80

Gegenstromprinzip 30, 62, 99
Gips-Schwefelsäure-Verfahren 58
Gleichgewicht, chemisches 27, 53, 77, 100
Gleichung, chemische 68
- Schreibweisen 71 ··· 72

Haber, Fritz 31
Hauptgruppenelemente 17, 43

Kohlechemie, Ausbau 96 ··· 97
Kontaktapparat 30, 60
Kontaktverfahren 57 ··· 62
kontinuierliche Arbeitsweise 30, 62, 99
Kreislaufprinzip 30, 99

Liebig, Justus von 39
Lösungen 18, 22, 35, 44, 49

Mittasch, Alwin 31

Nitrate 38 ··· 40
- thermische Zersetzung 38 ··· 39
Nitrat-Ion 36
- Nachweis 38
Nitrite 38
nitrose Gase 33

Ostwald, Wilhelm 34 ··· 35
Oxydation 12
Oxydationsmittel 12
Oxydationszahl 5 ··· 16
- Bestimmen 9 ··· 11

Phosphor 18
Protonenabgabe 22
Protonenaufnahme 22
Protonenübergang 22 ··· 23
- Reaktion mit 24, 48, 82
Pyrit 46, 51

Reaktion, chemische 65, 70 ··· 75
Reaktionsgeschwindigkeit 76, 100
Reaktionswärme 72 ··· 73
Redoxreaktion 5 ··· 16, 80 ··· 82
Reduktion 12, 80
Reduktionsmittel 13

Salpetersäure 35 ··· 37
- Bildung 35
- Eigenschaften 36 ··· 37
- Verwendung 37
salpetrige Säure 38
Salzgemisch, Untersuchung 84
Sauerstoff 43 ··· 44
- Atombau 44
- Eigenschaften 44
- Vorkommen und Bedeutung 43
Schwefel 43 ··· 46
- Atombau 46
- Eigenschaften 44 ··· 46
- Vorkommen 43 ··· 45
Schwefeldioxid 50 ··· 51, 57 ··· 58, 100, 104
- Darstellung 51
- Eigenschaften 50

Schwefeldioxid, Herstellung 57 ··· 58
- Vorkommen und Verwendung 51
Schwefelsäure 55 ··· 62
- Eigenschaften 55 ··· 56
- Herstellung 57 ··· 62
- konzentrierte 55
- verdünnte 56
- Verwendung 55 ··· 56
Schwefeltrioxid 52 ··· 53, 59 ··· 61, 94, 100
- Eigenschaften 52
- Herstellung 59 ··· 61
Schwefelwasserstoff 47 ··· 49
- Darstellung 48
- Eigenschaften 47, 49
- Nachweis 49
Schwefelwasserstoffsäure 49
Sekundärrohstoffe 102
Selen 43 ··· 44
Stickstoff 18 ··· 20
- Darstellung 20
- Eigenschaften 18, 20
- Vorkommen 19
Stickstoffdioxid 32 ··· 34
Stickstoffdünger 39 ··· 41
Stickstoffmonoxid 32 ··· 34
Stickstoffverbindungen, chemische Reaktionen 41
Substitutionsreaktion 88
Sulfat-Ionen, Nachweis 55
Sulfid-Ionen, Nachweis 49

Umweltschutz 103 ··· 104

VEB Bergbau- und Hüttenkombinat „Albert Funk" Freiberg 57 ··· 58
VEB Chemiekombinat Bitterfeld, Betriebsteil Wolfen 57 ··· 58
VEB Chemiewerk Coswig/Anhalt 57 ··· 58
VEB Chemiewerk Nünchritz 58
VEB Leuna-Werke „Walter Ulbricht" 30 ··· 32
Verfahren, chemisch-technische 98 ··· 100
- Verfahrensstufen 98

Wärmeaustausch 30, 60, 100